핵심만 남기고
줄이는 게 체질

핵심만 남기고 줄이는 게 체질

**필요한 만큼만
읽기,
쓰기,
말하기,
생각하기,
행동하기**

김범준

위즈덤하우스

줄였더니 인생의 중요한 것들이
보이기 시작했습니다

1.

"어떻게 그 많은 것을 할 수 있단 말입니까?"

상사인 그의 퉁명스러운 질문이 저를 혼란스럽게 만들었습니다.
그는 궁금한, 아니 의심스러운 눈빛으로 말을 이어갔습니다.

"나는 1년에 책 한 권 읽기도 힘듭니다.
그런데 당신은 책을 쓰고 있지 않습니까?
주어진 업무에 소홀해서 그럴 수 있는 것 아닌가요?"

편견과 오해가 가득한 시선으로 함부로 말하는

그를 보며 참담한 기분이 들었습니다.

'악!' 하고 소리를 내고 싶었습니다.

멱살을 잡고 싶었습니다.

기가 막혔습니다.

퇴근 후 매일 골프연습장 가는 걸 빼놓지 않는다는,

금요일에는 기분 좋게 친구들과 술을 마셔야 한다는,

주말이면 쌓인 피로를 풀러 사우나에서 땀을 뺀다는,

'당신 자신의 모습'을 보라고 하고 싶었습니다.

당신이 골프장에서 굿샷을 날릴 때,

포장마차에서 원샷을 외칠 때,

뜨거운 열기 속에 눈을 감고 있을 때,

나는 책을 읽고 썼다고 말하고 싶었습니다.

하지만 당시에는 영문도 모르고 당한,

한 달 넘게 이어진 괴롭힘으로 인해

이미 몸과 마음이 모두 피폐해진 상태였습니다.

그저 제 몸을 추스르고 싶다고만 생각했습니다.

왜 그랬는지 모르겠습니다.

관계에 있어 약자일 수밖에 없는 저의 처지 때문 아니었을까요?
제가 할 수 있는 것이라곤 그저 참아내는 것뿐이었습니다.
밀려오는 분노를 억누르느라 위경련이 일어나는 것도 참으며
몸 전체를 부들부들 떠는 것이 제가 보여준 전부였습니다.

그때는 그랬습니다.

하지만 이제 꽤 오랜 시간이 흘렀습니다.
그의 무지를 탓하기 전에 적절히 대응치 못한 저를 후회합니다.
그의 감정적 편향이 제 영역을 오염하지 않도록 지켜야 했습니다.

이제야 용기를 내어 봅니다.

되돌아가서 고쳐야 할 일이 한둘이 아니지만
우선 그의 물음에 대해
친절하게 답하는 것으로 시작하겠습니다.

"저에게 물으셨죠?
'어떻게 그 많은 것을 할 수 있느냐'고.
줄이면 됩니다. 이것저것."

2.

저는 '줄이는 게 체질'입니다.

무엇인가를 줄여서 책을 썼습니다.
그렇게 작가가 됐습니다.
무엇인가 줄여서 도스토예프스키를 읽고 토론을 했으며,
무엇인가 줄여서 명리학을, 동의보감을 공부했습니다.
무엇인가 줄여서 기업체 특강을 하기도 했습니다.

그뿐인가요?

무엇인가 줄여서 제주도 사계해변에서 물멍을 때렸고,
무엇인가 줄여서 살사와 바차타 춤을 즐겼으며,
무엇인가 줄여서 와인스쿨을 결석 없이 다녔으며,
무엇인가 줄여서 지리산 종주에 나섰습니다.

그런데 말입니다.
이렇게 해도 시간이 남았습니다.

직장에서, 그리고 가정에서 해야 할 책무를 해내고도,

조직에서 목표를 달성하고 인사고과 'A'를 받으며,
아내와 아이들로부터 무시당하지 않고 살면서도,
다양한 것들을 모두 해낼 수 있었습니다.

"어떻게 그 많은 것을 해낼 수 있습니까?"

오늘 누군가가 의심스러운 표정을 지으며 묻는다면
이제 저는 자신 있게, 즉시, 그리고 명료하게 말할 것입니다.

"줄여서 했다니까요!"

3.
영화 〈흐르는 강물처럼〉 최고의 명장면은
첫째 아들 노먼이 강에 낚싯줄을 던지는 마지막 부분일 겁니다.
하지만 저는 개인적으로 영화 초반의 한 장면이 기억에 남습니다.

아버지 맥클레인은 아들을 집에서 직접 가르치는데
오전에는 작문 숙제를 내주고 오후에는 자유 시간을 줍니다.
놀고 싶어서 안달이 난 아이의 선택은 무엇이었을까요?
'양'으로 승부하는 전략을 택합니다.

종이 한 면을 가득 채웁니다.

하지만 아버지는 아들의 글을 보고 퇴짜를 줍니다.
한 쪽 가득한 글을 절반으로 줄여오라고 하면서요.
놀고 싶은 아이는 얼른 줄여서 달려가지만
되돌아오는 아버지의 대답은?

"거기에서 절반을 줄여라."

그렇게 몇 번에 걸쳐 '줄일 것'을 지시했던 아버지,
마침내 만족할 만하게 줄여낸 노먼의 글에
합격을 선언한 후에 말합니다.

"이제 그것을 휴지통에 버려라."

누군가는 '웬 똥개훈련?'이라며 아버지를 비난하겠지만
저는 '인생의 키워드' 하나를 어렴풋하게나마 건져봅니다.

"줄일 것, 그리고 버릴 것."

4.

'무엇인가 해야' 하고, '무엇인가 되어야' 하는

바쁘게 돌아가는 현대문명의 그늘 속에서

지칠 수밖에 없는 우리의 모습이 일상 곳곳에서 발견됩니다.

'번아웃burn-out'된 자기 자신을 발견하게 되는 것이죠.

인생을 잘 산다는 것은

삶을 시간 단위로 쪼개 쓰며 바쁘게 사는 것이 아니라

덜 중요한 것을 과감하게 덜어내면서

생활을 단순화하는 것입니다.

서두르면 행복이 우리를 스쳐 지나갑니다.

저는 그 사실을 잘 몰랐습니다.

무작정 쌓아둔 무엇들이 저의 호흡을 막아도

무작정 해내고 있는 일상의 과제들이 갑갑함을 더해도

잔뜩 사서(buy) 모은 무엇들이 인생이 짐일 될 뿐임에도,

여전히 어떻게 살지(live)를 몰라 당황했습니다.

그때였을 겁니다.

제 어깨 가득 쌓인 중요하지 않은 무엇들로 인해

나의 삶이 엉망이 되게 만들지 않겠다고 다짐한 순간이.

이제는 다행히도 핵심만 남기고 줄이는 게 체질이 됐습니다.
'포커스 온 임팩트Focus on Impact'를 즐기게 된 것이죠.
다음과 같이 말입니다.

필요한 만큼만 읽고
필요한 만큼만 쓰고
필요한 만큼만 말하고
필요한 만큼만 보고
필요한 만큼만 생각하고
필요한 만큼만 행동하겠다.

5.
일을 쉽게 할 줄 아는 사람들을 살펴보면
남들과 다른 역량을 갖고 있습니다.

'가장 중요한 것에 집중할 에너지를 만들기 위해
복잡하고 불필요한 것들을 걷어내는 힘.'

제대로 된 하나를 만들어내기 위해서
덜 중요한 수많은 것들을 포기할 줄 아는 용기가
그들에겐 있었던 겁니다.
핵심만 남기고 나머지는 버리는 것이죠.

그렇게 그들은 일의 주인이 되었고,
스스로 인생의 주인이 되었습니다.
자유인이 된 것이죠.
하지 말아야 할 것은 그만둘 줄 알면서.

그렇습니다.
줄이면 인생의 중요한 것들이 보이기 시작합니다.

말을 줄이고
쓰는 것을 조심하고
보고 읽는 것을 덜어내면서
자신의 생각을 편안하게 정리해보고
행동이 어떻게 흘러가는지를 살펴볼 줄만 알아도
우리는 성큼 자유의 길목에 들어선 셈이 됩니다.
누가 나를 만들어가도록 내버려두는 것이 아니라

스스로 자기 자신을 만드는 삶의 주인으로 살 수 있습니다.

'모든 상실에는 선물이 숨어있게 마련'이라고 합니다.
괜한 욕심으로 붙잡고 있는 군더더기를 과감히 놓아버린다면
우리는 숨어 있는 인생의 선물을 받게 될지도 모릅니다.
지금껏 바쁘다는 이유로 하지 못했던 취미생활이나
함께 시간을 보내지 못했던 소중한 사람들,
혹은 제대로 돌보지 못했던 나 자신의 치유 같은 것 말이지요.
'지금, 그리고 여기'에서 불필요한 것들을 줄여야 할 이유입니다.

이젠 당신에게도 권하고 싶습니다.

"줄여보세요."

-

줄이는 게 체질인 사람
김범준

차례

Part 4 | 줄여서 보기로 했습니다

Part 5 | 줄여서 생각하고 줄여서 행동하기로 했습니다

Part 1
줄여서 읽기로 했습니다

'다독가多讀家'가 아닌
'소독가少讀家'가 되십시오

—

'오늘'에서 시작하는 책 선택의 기술

책을 좋아합니다.

책을 좋아하다 보니 책을 쓰게 되었습니다.

실용적인 책읽기를 좋아해서 그랬는지는 몰라도

결국 실용적인 문제를 해결하기 위해 책을 선택하게 되었고,

지금은 실용적인 문제를 해결하는

솔루션을 제안하는 책을 씁니다.

책을 쓰는 사람으로서 독서가 취미인 게 천만다행입니다.

누구는 당구나 골프를, 누구는 자전거를 취미로 선택했지만,

저는 책과 함께할 때가 가장 재미있고 마음도 뿌듯했습니다.

그뿐인가요?

책은 어려움 속에서 저를 지키는 방법이었습니다.

사실 어렸을 땐 책이 그저 시험을 잘 보기 위한 도구였습니다.

아니면 잘난 척할 때 아는 것처럼 흉내 내기 위한 도구였죠.

지금은 다릅니다.

책은 저에게 힘들고 어려운 상황에서 벗어나서

미지의 세계로 들어가는 길목과 같은 역할을 해줍니다.

책을 읽으면서 해방의 전율을 느낄 때도 있습니다.

고마울 뿐입니다.

모든 책이, 모든 독서가 고마움으로 다가온 건 아닙니다.

오히려 무조건 많은 책을 읽으려 하던 때가,

책 한 권을 처음부터 끝까지 꼼꼼하게 읽으려 하던 때가

독서에 있어 침체기가 아니었나 생각합니다.

그저 많이 읽으면 무엇인가 남을 것이라고 착각했던,

양으로 승부하려던 시절이 있었습니다.

이제는 알게 되었습니다.

밖으로만 향하는 시선을 거두어

나 자신을 먼저 돌봐야 한다는 것을.

무모한 다독가가 아닌, 현명한 소독가가 되어야 한다는 것을.
줄여서 읽으면 더 많은 것을 얻을 수 있다는 것을.

책을 잘 선택하고 줄여내어 읽게 되면
인생의 무기를 무엇으로 할 것인가에 대한 해답에 가까워집니다.
불투명해 보이는 미래에 대비하는 힘을 줍니다.
변화의 시작점이 되고 성장의 촉발점이 됩니다.

그렇다면 어떤 책을 선택해야 할까요?
먼저 왜 읽느냐를 스스로 고민해보세요.
저는 책에서 도움을, 해답을 얻고 싶었습니다.
문제들로 이루어진 삶 속에서 그 문제를 해결하기 원한 것이죠.
제가 책을 선택할 때에 있어서 키워드는 '지금'이었습니다.
'오늘이 나의 시간이고 지금이 나의 순간'이라고 생각했습니다.

지금 행복하지 않으면 미래의 행복도 없습니다.
나만의 스토리를 지켜내기 위해서라도
지금 그리고 여기는 온전히 내 것이어야 합니다.
책 선택 역시 '오늘, 지금, 여기' 등의 키워드와 친해야 합니다.
오늘을 알지 못하면 내일을 준비하기 어렵기 때문입니다.

윗사람과의 갈등을 겪으며 스트레스를 받는 직장인이라면
인간관계를 개선하는 방법을 다룬 책이 도움이 되겠지요.
갚을 돈은 많은데 어떻게 돈을 모아야 할지 모르겠다면
재테크 등 금융에 대한 책이 바람직합니다.
'지금, 여기'가 없으면 열망이 안 생깁니다.
열망이 없으면 행동이 어렵습니다.

자신이 할 것과 하지 말아야 할 것을 구분할 줄 알아야 합니다.
나의 삶에 이득이 되지 않는 것들을 줄이려는 노력은
책 선택에서도 다르지 않다는 점을 기억해두십시오.

살아남기 힘든 세상에 믿을 건 자신입니다.
책 선택도 '나의 오늘'에서 시작하세요.
필요한 것만 읽으면 됩니다.

인생 리모델링을 위해
책을 읽습니다

–

나를 돌보는 독서

미래는 준비하는 사람의 몫입니다.

누구에게든 선택의 기회는 있습니다.

현재의 상황에 머물지, 더 발전하기 위해 노력할지,

어떤 선택을 할지는 각자의 몫입니다.

선택했다면 이제 무엇인가를 해야 합니다.

더 나은 '인생 리모델링'을 위해 무엇을 선택하셨나요?

저는 책을 선택했습니다.

선택은 했지만 의문은 있습니다.

여전히 책이 매력을 잃지 않는 이유는 무엇일까요?

오늘날 세상에는 읽고 볼 게 얼마나 많습니까?

TV, 유튜브, 각종 SNS……

그런 가운데 책이 주는 매력은 무엇일까요?

저는 책의 매력으로 자신과 대화할 수 있게 한다는 점을 꼽습니다.

특히 직접 경험하지 않아도 이해할 수 있게 해주는,

일상의 노력을 줄여주는 게 좋습니다.

최근에 한 소설을 읽었습니다.

《동물농장》으로 유명한 조지 오웰의 《버마 시절》입니다.

처음 들어본 분들도 꽤 될 겁니다.

그런데……

이 책, 저를 이틀 동안 아무것도 하지 못하게 만들었습니다.

금요일 밤에 책을 읽기 시작했기에 다행이지,

평일에 읽었다면 출근하기 힘들 뻔했습니다.

책 읽겠다고 연차라도 냈을 것 같습니다.

문학작품은 개인마다 호불호가 있기 마련이니

이 책을 다른 사람에게 추천할 생각은 없습니다.
단, 저에게만큼은 그야말로 최고의 책이었습니다.
주인공 플로리와 그를 둘러싼 수많은 사람들의 이야기,
특히 플로리가 사랑을 꿈꾸던 엘리자베스와의 '밀당'은
정신을 쏙 빠지게 만드는 드라마를 보는 기분이 들 정도였습니다.

책을 정신없이 읽다가 이런 의문이 들었습니다.

'내가 왜 이렇게 주인공에게 감정이입을 하는 것일까?'

영화나 TV를 볼 때도 등장인물에게 감정이입을 하지만
오랫동안 감정이입을 지속하는 것은 어렵습니다.
길어야 한 편에 한두 시간 정도면 끝나기 때문입니다.
책을 읽는 시간과는 비교할 수 없죠.
책은 불편합니다.
하지만 그 불편함 속에서 자신을 되돌아보게 합니다.

생각해보시죠.
최근 자기 자신을 되돌아본 적이 있는지 말입니다.
거의 없을 겁니다.

바쁜 생활 속에 그런 시간을 내기란 힘든 일입니다.
그냥 하라는 대로 하고, 말라는 대로 말고……
무의식적으로 살게 마련입니다.

하지만 책은 자기 자신을 되돌아보게 합니다.
경제경영서나 자기계발서는 물론이고 문학 역시 마찬가지죠.
이것이 책의 매력 아닐까요?
자기 자신과 대화를 하게 만들어 주는 것 말입니다.

《버마 시절》역시 제 자신과 대화하게 만들었습니다.
사람을 바라보는 관점에 대해 되돌아보게 해준 것이죠.

그뿐인가요?
대화법에 관심이 많은 저에게는《버마 시절》의 여러 문장들이
모범적인 말하기, 잘못된 말하기의 생생한 사례로 다가왔습니다.
밑줄을 치고 싶은 말들도 많았습니다.

– 적들의 시체로 몸을 불린 셈

– 자신의 좋은 시간을 보내는 것 이외에는 아무 야심 없는

– 최악이라는 당신들의 문명이 우리에겐 진보라는 사실

– 아름다움은 남과 나눌 때 비로소 의미가 있는 것

......

개인화된 요즘 세상에선 누군가가 저에게
이래라저래라 하는 일이 별로 없어졌습니다.
불필요한 간섭이 줄어 편하긴 하지만
대신 저를 객관적으로 돌아볼 계기가 줄었습니다.
이럴 때 소설 속 등장인물들이 겪는 상황을 저에게 대응해보면서
타인의 삶을 저의 경험으로 받아들이며
저의 삶을 수선해봅니다.

인간세상에서 일어날 수 있는 다양한 기쁨과 슬픔을
직접적으로 경험하는 수고 대신에
'인생 리모델링'의 도구로 책을 사용하는 것이죠.

'대단한 책'을 읽어야 한다는
강박증에서 벗어났습니다
—

지금 필요한 책부터 시작하기

지금은 플러스가 아닌 마이너스를 어떻게 다루느냐의 시대입니다.
경쟁자들이 수많은 기능과 그에 따른 버튼을 만들어낼 때
애플의 아이폰이 단 하나의 버튼으로 혁신을 이룬 것처럼
줄여내는 것이 기업의 생존 조건이 되었습니다.

사람도 마찬가지 아닐까요?
변화를 이끌어내고 싶다면 갖고 있지 않은 무언가를 갈구하기보다
갖고 있는 것들 중에서 불필요한 것들을 버리고 줄여갈 때
제대로 된 자기 자산을 만들어낼 수 있습니다.

책 역시 마찬가지입니다.

무작정 많이 읽으려고 하기보다

전략적으로 읽어야 합니다.

저는 조심스럽게 '대단한 책'과의 과감한 이별을 권합니다.

이른바 위대한 작가들의 위대한 책들 말입니다.

이렇게 말하는 저도 이런 책들로 고민한 적이 있습니다.

'언젠가는 읽어야 할 책인데' 하면서 괜히 불안했던 거죠.

불안해하지 마십시오.

'대단한 책'의 무게에 짓눌릴 이유가 없습니다.

책 선택만큼은 자기 자신이 하면 그것으로 충분합니다.

타인의 선택에 자신의 독서목록을 의지할 필요가 없습니다.

예를 들어볼까요?

서울대학교, 최고의 대학입니다.

최고의 대학에는 최고의 도서목록도 존재합니다.

'서울대학교 학생을 위한 권장도서 100'이 그것이죠.

그 목록을 본 적이 있는지요?

다음과 같습니다.

서울대학교 학생을 위한 권장도서 100

1	고전시가선집
2	연암산문선/박지원
3	구운몽/김만중
4	춘향전
5	한중록/혜경궁 홍씨
6	청구야담/작자미상
7	무정/이광수
8	삼대/염상섭
9	천변풍경/박태원
10	고향/이기영 ★
11	탁류/채만식
12	인간문제/강경애
13	정지용전집/정지용
14	백석 시전집/백석
15	카인의 후예/황순원 ★
16	토지/박경리
17	광장/최인훈 ★
18	당시선

(출처: http://book100.snu.ac.kr/book/)

눈치 채셨는지 모르겠지만,

제목 옆의 별 표시는 제가 완독한 책입니다.

총 19권이네요. 그렇다면 나머지 81권은?

네, 읽지 못했습니다.

저 나름대로는 책을 많이 읽는다고 생각합니다.

실제로 집에도 수천 권의 책이 책장에 꽂혀 있습니다.

하지만 저 역시 서울대생 권장도서 중에서

20퍼센트도 채 읽지 못했습니다.

그래서요?

사는 데 지장이 있었나요?

전혀 아닙니다.

물론 목록의 책들은 인류의 지혜가 집약된 위대한 유산입니다.

서울대의 선택, 틀렸다고 생각하지 않습니다.

아니, '역시 서울대'라고 말하겠습니다.

하지만 궁금합니다.

저 스스로에게, 그리고 당신에게 묻고 싶습니다.

"과연 이 책들을 '우리'가 읽어낼 수 있을까요?"

'그들', 즉 서울대학교 학생들은

이 책들을 대학 시절에 모두 읽을 수 있을지 모르지만

평범한 '우리'는 평생을 두고 읽기에도 벅찬 목록입니다.

지적인 것에 대한 호기심도 심각하면 중독입니다.

중독은 결국 무엇인가에 매달리게 만듭니다.

왜 이런 책에 매달려야 하나요?

오히려 나에게 필요한 것을 안 읽고 있는 건 아닐까요?

막연하게 받은 '대단한' 도서목록은 우리를 불편하게 합니다.

우리의 삶을 피곤하게 만드는 숙제일 뿐입니다.

자신감도 없어지게 만듭니다.
스스로를 초라하게 하고요.

'이걸 안 읽으면 부족하게 될 거야.'
'이걸 안 읽어서 성공하지 못한 거야.'

독서의 결과가 이래서야 되겠습니까?
독서는 자기 자신을 빛나게 해야 합니다.
자신을 초라하게 만드는 독서는 옳지 않습니다.

코로나19의 여파가 아직도 진하게 남아 있는 지금입니다.
너무나 고통스러운 시간들이 계속되고 있지만
그래도 하나는 배웁니다.

'삶은 마음대로 되지 않는다.'

이럴 때일수록 해낼 수 있는 것과 없는 것을
구별하는 게 중요합니다.
작은 것도 좋으니 할 수 있는 걸 찾아내는 게 먼저임은 물론이죠.
독서도 마찬가지입니다.

대단한 책을 두고 괴로워하지 말고
지금 필요한 책부터 읽으세요.
무겁고 진중한, 읽어도 이해하기 힘든 어려운 책 대신에
나에게 필요한, 나에게 맞는
자기만의 책을 선택하는 겁니다.

지금의 나를 위한 책부터 읽으십시오.

한 권의 책에서 단 하나의 문장만
찾아내도 충분합니다

－

나에게 '나쁜 책' 걸러내기

좋은 책이 있습니다.

힘들 때 위로해준 책,

미래에 대한 희망을 준 책,

지치고 낙담했을 때 다시 일어설 수 있게 만들어준 책.

그 책들의 모든 문장이 좋았다고 말하지는 않겠습니다.

때로는 그저 문장 하나 좋은 것만으로도 좋았습니다.

살아생전에 저들의 비방을 받느니

죽은 다음에 나쁜 비명碑銘을 받는 쪽이 좋을 것이오.

_ 셰익스피어, 《햄릿》

세상에서 가장 힘이 센 행운은, 내면으로부터 소름처럼 돋아난다.

'이 정도면 만족스러운 삶'이라는 깨달음이 스쳐 지나가는,

지극히 짧은 순간에 느낄 수 있는 행운이다.

그 행운의 이름은…… '좋은 해석'이다.

_ 연준혁 외, 《보이지 않는 차이》

물러나는 것은 달아나는 것이 아니며,

위험이 희망을 앞지를 때 기다리고만 있는 것은

분별 있는 행동이 아닙니다.

지혜로운 자는 내일을 위해 오늘을 삼갈 줄 알고,

하루에 모든 것을 모험하지 않습니다.

_ 미겔 데 세르반테스, 《돈키호테》

그는 알코올 중독에서 벗어난 뒤 가장 기쁜 일 중 하나가

아이들에게 굿나잇 키스를 해주고

아침에 일어나 그 일을 떠올리는 것이라 말했다.

_ 아서 P. 시아라미콜리 외, 《당신은 너무 늦게 깨닫지 않기를》

스스로에게 선한 영향력을 행사할 책들을 찾아내는 것.

선택한 책에서 좋은 문장들을 찾아내는 것.

고백컨대 이것이 제가 한 독서의 전부였습니다.
줄이고 줄였더니 문장 하나가 남은 것이죠.

책 한 권에서 하나의 문장을 찾는다는 건 어려운 일이 아닙니다.
처음부터 끝까지 모두 읽고 하나를 정하라는 게 아니거든요.
300여 쪽에 달하는 소설을 읽는다고 할 때
첫 페이지에서 가슴 벅찬 문장을 골라냈다면
딱 거기에서 책을 덮어도 됩니다.

시간을 두고 책 전체를 꼼꼼히 읽어야 할 경우,
즉 시험이나 강의 준비 같은 상황에 놓인 경우가 아니라면,
책 한 권에서 강렬한 문장 하나 얻어내는 것만으로도 충분합니다.
인생은 숨 쉬는 횟수가 아니라 숨 막힐 듯 벅찬 한순간으로
결정되는 것이니까요.

세상에는 좋은 책만 있는 건 아닙니다.
나쁜 책, 그리고 이상한 책도 있습니다.
물론 사람마다 나쁜 책, 이상한 책의 기준은 다릅니다.
어떤 사람에게는 좋은 책이 어떤 사람에게는 별로일 수 있고,
누군가에게는 유용한 책이 누군가에게는 무익할 수 있지요.

그러니 나에게 좋은 책은 어떤 책인지,
나에게 나쁜 책은 어떤 책인지 아는 게 중요합니다.

참고로 저의 경우에는 돈과 관련된 책이 좋지 않았습니다.
부동산, 특히 경매에 관한 책들이 피눈물 나게 했거든요.
돈을 벌어준다는 책들이 저에게는 나쁜 책이었던 셈이지요.

한참 힘들고 어려울 때였습니다.
뭔가 아무것도 풀리지 않을 때였죠.
그때 우연히 경매에 관해 관심을 두게 되었습니다.
시작은 서점을 갔다 우연히 보게 된 책 때문이었습니다.
대략 이런 제목의 책들이었죠.

'나는 경매로 100억 부자가 되었다'
'나는 학부모 회의에 참석할 시간에 부동산을 사러 다닌다'
'100억 부자가 말해주는 땅으로 돈 버는 법'
'경매도사 김 선생의 경매 무작정 따라하기'
'나는 아파트 100채의 주인이다'

잘 알지도 못하면서 쉽게 돈을 벌 수 있을까 하는 욕심에 이런 책들만 수십 권을 구입해서 읽었던 기억이 납니다.
토지경매, 권리분석, 유치권 등 수많은 책들을 탐독한 결과는?

한숨만 나옵니다.
결과부터 말하면 '이생망' 되는 줄 알았습니다.
제 인생의 '흑역사' 중 한 페이지입니다.
경매로 50억, 100억 부자가 된 사람, 있긴 있겠죠.
(지금은 '그런 사람이 책 쓰냐?'라며 색안경을 쓰고 봅니다만.)
하지만 저에게만큼은 나쁜 책, 나쁜 저자들이었습니다.

혹시 돈에 관한 책을 구입해서 보고 계시는지요?
무조건 돈에 대한 책을 읽지 말라는 게 아닙니다.
읽어도 좋은 책, 유용한 책이 많습니다.
다만 제가 겪은 나쁜 책의 특징을 세 가지로 말씀드리려 하니
참고만 해주시면 좋겠습니다.

첫째, 괜찮아. 다 괜찮아.

세상이 저에게 '그건 아니라고!', '넌 안 된다고!'를 말할 때
이 책의 저자들은 저에게 '다 괜찮다'라고 했습니다.

하지만 그 희망은 제 돈을 전제로 한 거였습니다.

무조건 '괜찮다'라는 책들의 결론은 비슷했습니다.

'가진 돈은 좀 있겠지? 이곳에 투자해.'

이런 책, 조심하십시오.

둘째, 지금이 기회야.

더 이상의 기회는 없다고 했습니다.

법적 문제가 있는 부동산이라 주저하는 저에게

'놓칠 거야? 떼돈 벌 수 있는 절호의 기회인데?'라며 유혹했습니다.

가진 돈이 더 부족해서 망설일 때는

'돈이 부족해? 그럼 대출이라도 받아야지!'라며 부추기더군요.

정신을 차리고 보니 대출창구 앞에 제가 있더군요.

'지금이 기회'라고, 막차라고 하는 말에 현혹되지 마세요.

셋째, 특급 정보를 줄 테니 나에게로 와.

제 돈을 앗아간 나쁜 책은 결론이 비슷했습니다.

결론적으로 저자가 운영하는 프로그램으로 유혹하더군요.

'진짜 정보는 이 책에서 말하지 못했다'라고 하면서 말이죠.

물론 그 특급(?) 정보를 알려주는 대가는 상당했습니다.
'괜찮은 물건 알려줄 테니 500만 원 입금해!'

당신이 지금 손에 쥐고 있는 책은 어떤 책인지요?
다른 걸 떠나서 손쉽게 돈 벌게 해준다는 책은 조심하세요.
돈벌이의 비밀을 남에게 거저 알려주는 사람은 없습니다.

이렇게 저의 흑역사에 대해 들려드렸지만
세상에는 나쁜 책보다 좋은 책이 훨씬 많다고 생각합니다.
저 역시 인생의 갈림길에서 고민할 때
책이 현명한 선택의 기준이 되었으니까요.
게다가 누군가의 소중한 경험을 단돈 1~2만 원으로 얻는다는 것,
세상에 이만큼 값싼 것도 없습니다.

책이 인생을 당장 바꾸지는 못할지 모르지만,
최소한 바뀔 인생의 모습을 보여주기는 할 겁니다.

좋은 책을 주변에 배치하세요.

베스트셀러라고 무턱대고
구입하지 않습니다

—

서점 산책의 기술

저는 웬만하면 직접 서점을 방문하여 책을 구입하려 합니다.
물론 상황에 따라 온라인으로 구입하는 경우도 있지만,
스스로 책을 들춰보는 게 원하는 책을 찾는 데
보다 효율적이고 정확했기 때문입니다.

직접 서점에 가서 책을 들춰보고 산 경우에는 대부분 읽었지만
온라인 서점에서 광고나 리뷰 정도만 보고 구입한 경우에는
첫 장도 안 펴보고 책장에 꽂아둔 채 잊은 경우가 많았습니다.

이런 이유로 일주일에 한 번은 몸을 움직여서라도
직접 서점을 방문하려고 합니다.

이를 통해 헛되게 책을 구입하는 실수를 범하지 않게 되고,
결과적으로 읽지 않을 책에 쓰는 돈도 절약하고
시간과 노력도 줄일 수 있기 때문입니다.

하지만 서점을 직접 방문하더라도
수많은 책 속에서 나만의 책을 고르는 것은 만만치 않습니다.
그동안 성공과 실패를 거듭하면서 체득한 책 구입(선택) 시
성공 확률을 높이는 법 세 가지를 안내할까 합니다.

첫째, 베스트셀러 판매대에서 바로 책을 고르지 않는다.

서점에 갔을 때 가장 먼저 눈이 가는 곳은 베스트셀러 코너입니다.
베스트셀러!
좋은 책입니다.
그리고 거기에는 이유가 있습니다.
제목이라도 훑어보아야 합니다.
단, 그 책들이 '나'의 책인지 정도는 구별해야 합니다.
베스트셀러는 마침 방문한 그 날의 베스트셀러일지도 모릅니다.

어떻게 해야 할까요?

베스트셀러 판매대에서 원하는 주제의 책을 봤다고 해보죠.
'내가 이 분야의 책을 사려고 했는데…… 운명이야!'라고 하면서
바로 구매하지 마세요.
대신 그 책을 들고 해당 주제를 모아놓은 서가를 찾아갑니다.
서점 직원에게 문의하면 친절히 서가를 알려줄 겁니다.
그곳을 찾았다면 손에 들고 있는 베스트셀러 책과
이전에 나온 책들을 비교해 보십시오.
그리고 어떤 책이 가장 적절할지 결정하세요.
베스트셀러가 항상 가장 좋은 책은 아닐 수 있습니다.

둘째, 필요한 책을 미리 생각하고 간다.

매일 서점에 갈 수 있는 사람이라면 행복한 사람입니다.
집 앞 5분 거리에, 집에 오는 길에 서점이 있다면
당신은 천운을 타고난 겁니다.
대부분은 그렇지 않습니다.
아무래도 버스를 타고 지하철을 타야 하죠.
사람들에게 서점이란 한 달에 한 번도
마음먹고 가야 하는 곳입니다.
한 번 가게 되면 책 선택에 신중해야 하는 이유입니다.

서점에서 헤매지 말아야 합니다.
한 권의 책을 선택하고
그 책으로 자신의 성숙을 도모하길 원한다면
원하는 책의 주제와 목록을 미리 메모한 후에
서점에 방문하는 게 좋습니다.
이 준비 과정이 부족하면 자신에게 필요한 책이 아닌
엉뚱한 책을 선택하기 쉽습니다.

서점 산책 전에 자신에게 필요한 책들의 목록을 마음에 두십시오.
그리고 목표 관련도 순으로 판매대를 돌아보십시오.
만약 '시간, 말하기, 독서'가 관심사라면
그 순서대로 서가를 돌아야 합니다.
그리고 나서 다른 책에도 눈길을 돌리는 게 맞습니다.

온라인 서점도 마찬가지입니다.
'책이나 사볼까' 하고 온라인 서점 사이트에 접속했을 때
첫 화면에 노출된 책을 최고의 책이라고 생각하지 말고
키워드 검색 등을 통해 기존에 어떤 책이 나왔는지,
독자 서평은 어떤지 확인하고 구매하세요.

셋째, '벽돌책'은 가능하면 피한다.

요즘 책들은 분량 면에서 극단적으로 나뉘는 모습을 보입니다.
200~300쪽 내외의 책들이 일반적이긴 하지만,
100쪽 내외의 얇은 책들도 종종 눈에 띄고
간혹 500쪽이 넘어가는 '벽돌책'도 발견됩니다.
예전에는 서점에서 이렇게 두꺼운 책을 만나면
쉽게 지갑을 열곤 했습니다.
'이렇게 두꺼운데 깊이가 없겠어?'라고
스스로에게 변명(?)하면서 말이지요.
몇 번에 걸쳐 이런 책들을 구입한 후 내린 결론이 있습니다.

'깊이가 있고 없음이 문제가 아니라
내가 읽을 수 있느냐 없느냐가 문제다.'

읽을거리를 줄여도 마음이 편치 않을 판에
책 한 권이 500쪽, 700쪽, 심지어 1,000쪽에 이르게 되면
독서의 루틴조차 깨지는 경우가 많습니다.
못 읽으면?
짜증만 나고요.

지금까지 서점 산책의 기술에 대해서 말씀드렸습니다.

정리해보면⋯⋯

베스트셀러라고 무턱대고 구입하지 말 것!

미리 구입할 책의 목록을 정할 것!

너무 두꺼운 책보단 내가 읽을 수 있는 분량으로 고를 것!

온라인 서점에서 책을 구입할 때에도

이 세 가지를 염두에 둔다면

필요한 것만 줄여서 읽는 데 도움이 되리라 생각합니다.

처음부터 끝까지
꼼꼼히 읽지 않습니다

—

셀렉트 독서법

모든 책을 처음부터 끝까지, 꼼꼼히 읽을 이유는 없습니다.
'나만을 위한 딱 한 가지'를 찾으면 되기 때문입니다.
'전업독서가'가 아닌 '생활독서가'인 우리가 기억해야 할 태도죠.
책을 위해 우리가 있는 것이 아니라
우리를 위해 책이 있어야 합니다.

'완독', '정독'이란 단어들에 너무 얽매이지 마세요.
책읽기란 완完해야 하는 것도, 정精해야 하는 것도 아니니까요.
제 경우도 완독과 정독에 대한 압박감에서 벗어나면서부터
오히려 책에서 얻는 효율(?)이 좋아졌거든요.

첫 장부터 읽어가다가 끝까지 읽기는커녕

얼마 못가서 그만둔 경우가 얼마나 많은가요.

괜히 '언제 다 읽지?'라는 자괴감에 빠져 절망하기 딱 좋습니다.

처음부터 꼼꼼히 읽으려고 애쓰지 마세요.

소설처럼 줄거리 흐름이 중요한 책이 아니라면 골라서 읽으세요.

예를 들어 마케팅에 관한 300쪽 분량의 책을 샀다고 해볼까요?

마음먹고 한 시간 동안 집중했는데

겨우 머리말 지나 서너 페이지 읽었다면?

실제 원하는 내용은 200쪽 정도 가야 비로소 나올 것이라면?

이건 책을 잘못 읽고 있는 겁니다.

처음부터 꼼꼼히 읽어가다간

원하는 부분에 다다르기도 힘듭니다.

필요한 부분을 찾아 읽기 위해서라도

불필요한 부분을 건너뛰며

원하는 내용이 나오는 곳을 찾아내야 합니다.

'책 한 권에서 나에게 필요한 10퍼센트만 찾아도 대성공이다.'

저는 이런 생각으로 책을 읽습니다.

한 권의 책에서 10쪽, 아니, 10문장만 찾아내도 성공입니다.

가장 관심 있는 부분만 읽어도

흥미를 느끼는 부분만 읽는 것으로도 충분합니다.

이것을 찾는 과정이 진짜 독서입니다.

얼마 안 되는 분량을 찾아내는 과정 속에서 자신을 되돌아보고

자신의 삶에 적용할 수 있는 단 한 가지라도 찾아낸다면

책읽기는 대성공인 거죠.

'편집숍'이 유행이라고 합니다.

한 매장에 두 개 이상의 브랜드 제품을 모아 판매하는 형태죠.

'멀티숍' 또는 '셀렉트숍'이라고 하는데

편집숍의 핵심은 '멀티multi'가 아닌 '셀렉트select'라 생각합니다.

독서도 마찬가지입니다.

필요한 부분을 '셀렉트'할 줄 알아야 합니다.

저는 이것이 사랑하는 자신을 위한

올바른 책읽기 방법이라고 생각합니다.

자기를 모르고 스스로 변화하지 않으려는 사람에게는
신도 달리 해줄 수 있는 일이 없을 것입니다.
우리의 책읽기가 달라야 하는 이유입니다.

정리해볼까요?

독서란 얼마나 많은 책을 읽느냐가 중요한 것이 아님을,
책을 처음부터 끝까지 꼼꼼히 보는 게 필수가 아님을 알아두세요.
대신 줄여서 읽으십시오.
불필요한 책의 권수를 줄이고,
책에서 읽어야 할 부분도 줄여보세요.
어느덧 원하던 것이 눈앞에 와 있을 테니까요.

자기만의 프레임이 확실하면
책을 줄여 읽는 데 도움이 됩니다
–

책 밖에서 본질을 찾아내는 법

줄여서 읽다 보니 저만의 프레임이 생겼습니다.

프레임을 통해 책을 읽으니 읽을거리가 줄었습니다.

'읽기 프레임'이란

어떤 관점으로 책을 대하느냐에 관한 것입니다.

예를 들어 저는 커뮤니케이션에 관심이 많습니다.

제가 약한 부분이기도 하지만

또 발전시키고 싶은 부분이기도 합니다.

관심이 있다 보니 언젠가부터 책을 읽을 때

커뮤니케이션이라는 프레임으로 대합니다.

신문을 읽을 때도, 소설을 읽을 때도, 시를 읽을 때도 커뮤니케이션 관점에서 글을 바라봅니다.

자신만의 프레임을 통해 세상을 읽으면 편합니다.
이것저것 고민할 필요가 없습니다.
드라마를 보더라도, 노래를 듣더라도, 시를 읽더라도
모두 마찬가지입니다.
커뮤니케이션이라는 하나의 관점에서 읽고 보고 듣기에
오히려 본질에 쉽게 접근할 수 있습니다.

관심을 줄이면 편해집니다.
자신만의 프레임이 확고하면 읽는 것도 잘 줄일 수 있습니다.
집중해서 읽을 수 있고 읽을거리도 대폭 줄어듭니다.
특히 닥친 일을 해결할 때 유용합니다.

저의 경우 강연과 집필을 위해 독서하는 경우가 많습니다.
이때는 강연을 하고 책을 쓰는 데 도움을 얻고자 하는 것이기에
적절한 사례, 이론 등 자료를 찾는 목적으로 독서를 하게 됩니다.
이럴 때 책 한 권 읽는 시간은 얼마나 될까요?

제 프레임을 통해 필요한 것만을 찾아내어 읽을 때는

특별한 경우가 아니면, 또 집중만 제대로 한다면
한 시간 정도면 충분합니다.

흥미로운 부분, 전에 보지 못했던 이론 등을 중심으로
필요한 부분만 집중하여 읽는 것입니다.
그동안 비슷한 분야의 책을 많이 읽은 덕분에
배경 지식도 많아졌고 흐름상 짐작되는 내용도 늘어났으니
당연히 읽는 시간이 줄어들 수밖에요.

물론 독서의 목적에 따라 다릅니다.
최근에 휴식(?)을 위해 셰익스피어의 《리어왕》을 읽었는데
금요일 퇴근 후부터 시작해서 주말을 꼬박 투자했습니다.
빨리 읽기가 싫더라고요.
읽다가 생각하고 상상하고……
결국 이틀이 꼬박 걸려서 읽었습니다.

무엇인가를 읽는다는 건 이렇게 상황에 따라 달라져도 됩니다.
다만 필요한 것을 먼저 읽고 이런 여유를 즐겼으면 좋겠습니다.

한 유명한 건축가는 "좋은 집은 문밖에 있다"라고 했답니다.

집 자체보다 그 집을 둘러싼 '관계'와 '환경'이
사는 사람의 행복을 좌우한다는 거죠.
책도 마찬가지 아닐까요?

책 자체보다 책을 읽는 관점, 즉 프레임이 모든 걸 결정합니다.
책 그 자체가 아니라 책 밖에서 인생의 성장을 위한
그 무엇인가를 찾아내야 합니다.

"적을수록 충분하다Mini is More"라는 말이 있습니다.
읽기 전에 자신에게 무엇이 필요한지 먼저 확인해보세요.
'이 책을 읽으면 어떤 삶으로 변할까' 고민하면서 말입니다.

행복과 만족을 느끼는 데
공간의 크기가 미치는 영향이 크지 않듯이
독서에 있어서도 읽어낸 양적 분량은 그리 중요하지 않습니다.
책보다는 책을 보는 관점을 먼저 확인하세요.
읽을거리가 줄어들 테니까요.

책을 많이 읽어야 한다는 압박감,

처음부터 끝까지 읽어야 한다는 중압감 대신

한 권의 책에서 한 문장만 찾으면 된다는 생각으로

지금 나에게 필요한 책, 유익한 책을 선택하는

나만의 프레임을 만들어보세요.

'지금까지 이런 독서법은
없었… 있었나?'

–

잘 줄여서 읽기 위해 필요한 여덟 글자

책을 잘 선택했다면 이제 잘 줄여서 읽을 차례입니다.
여덟 글자를 기억하면서 책을 읽어보세요.

표, 저, 머, 맺, 목, 다, 본, 다

무슨 말인가 하시겠지만 별거 아닙니다.
책을 압축적으로, 즉 잘 줄여서 읽기 위한 방법으로
다음의 약자(?)입니다.

표지 : 주제와 키워드 가늠하기

저자 소개 : 배경(내용을 전개하는 근거가 경험인지, 연구(이론)인지 등) 확인하기

머리말 : 집필 동기, 전체 내용의 요약 등 파악하기

맺음말 : 독서 후의 효과, 추가로 생각해볼 만한 내용 소개 등 참고하기

목차 : 목차를 보며 자기에게 필요한 부분 찾기

다시(목차) : 다시 목차를 보며 먼저 읽을 부분 선정하기

본문 : 선정한 부분 읽기

다음 책 찾기 : 관련된 새로운 책 고르기

책 한 권의 핵심을 신속하게 이해할 수 있는 저만의 방법입니다.

서점에서 책을 선택할 때도 비슷한 순서로 적용합니다.

이제부터 각 항목에 대해 설명해보겠습니다.

첫째, 표지

표지는 첫인상과 같습니다.

사람의 호감이 첫인상에서 판가름 나는 것처럼 책도 그렇습니다.

이 책이 나에게 맞을 것인가 아닌가를 판단하는 첫 시작입니다.

앞의 표지만 보는 것은 부족하죠?

뒤표지도 확인해야 합니다.

'내 책'이 될 가능성이 있는지 마지막으로 확인한다고 생각하며

책을 선택하는 입장에서 궁금증을 갖고 표지를 살펴보십시오.
표지에 담긴 내용을 통해
주제와 키워드, 난이도 등을 가늠해보고
책을 통해 얻으려는 것을 미리 상상해보세요.

둘째, 저자 소개

저는 책을 통해 저를 확인하고 싶습니다.
제가 부족한 점이 무엇인지, 저의 강점은 또 어떤 것인지,
책 때문에 제가 더 방황하기보다
책 덕분에 저에게 집중하고자 합니다.
괜찮은 책의 저자를 찾아내는 것보다 더 중요한 것이
저와 맞지 않는 저자를 골라내는 것이라고 생각합니다.

나의 시간을 낭비하지 않게 해주는 저자.
나의 성향에 맞는 저자.
나의 상황이나 목적에 더 적절한 저자.
이런 저자의 책이 저에겐 필요합니다.

그래서일까요?

개인적으로 '나와 비슷한 사람'이 쓴 책을 신뢰하는 편입니다.
여기서 말하는 '나와 비슷한 사람'이
나와 성격이 비슷한 것을 말하는 건 아닙니다.
내가 일하는 영역, 혹은 내가 관심 있는 영역에서
실제 몸담고 있는 사람을 가리키는 것이지요.
즉 '실무자'를 선호한다는 뜻입니다.

간혹 해당 분야에 몸담고 있는 분들이 집필한 책이
박사님, 교수님 등 전문가들이 쓴 책에 비해서
부족한 경우도 있습니다.
논리성과 엄밀성이 떨어지거나 근거가 빈약한 경우도 있지요.

그럼에도 현업에 있는 사람들이 전문가의 열정으로 쓴 책들이
저의 성장과 발전, 생존(!)에 도움이 되는 경우가 많았습니다.
특히 그들의 생생한 사례가 -성공이든 실패든- 도움이 되었죠.

물론 학자나 연구자처럼 전문가가 쓴 책도 훌륭하고 유용합니다.
저도 실제로 이런 분들의 책을 적극적으로 활용하고 있습니다.
하지만 지금 당장 눈앞에 닥친 문제를 해결하고 싶을 때는
현업에서 일하는 분들의 책이 보다 즉각적인 도움이 되었습니다.

특히 몸소 체험한 현장의 이야기를 생생히 들려주는 저자들은
제가 문제점으로 인식하고 해결책을 고민하는 부분에 대해
"힘들지? 나도 그랬어. 혹시 이런 경우 없었어?"라며
공감해주고 다독여주는 기분이 들어 좋았습니다.

셋째, 머리말

책을 쓸 때 머리말은 언제 쓸까요?
'당연히 제일 먼저 쓰겠지' 하고 생각하셨나요?
아닙니다.
머리말은 순서상 책의 앞에 있다는 뜻이지,
가장 먼저 쓴다는 뜻은 아닙니다.
오히려 본문을 다 쓰고 정리가 거의 다 된 뒤
출간의 마지막 단계에 머리말을 쓰는 경우가 많습니다.

머리말은 저자가 독자에게 처음 말을 거는 부분입니다.
이 책을 독자가 어떻게 봐주었으면 좋겠다는 바람을 담게 됩니다.
책을 집필하게 된 배경, 전체 내용의 요약 등이 포함되죠.

책을 잘 줄여서 읽고 싶다면 먼저 머리말을 통해

저자가 어떤 이유로 책을 썼는지 확인하면 좋습니다.

머리말을 잘 읽으면

전체 흐름과 주요 부분을 가늠하기 편리합니다.

머리말 속에서 책의 방향을 확인해보기 바랍니다.

참고로 머리말 확인 시 다음 부분에 중점을 두고 읽어보세요.

1) 저자는 어떤 분야의 전문가일까?

2) 저자는 왜 이 책을 쓰게 된 걸까?

3) 저자가 연구에 집중한 부분은 무엇일까?

4) 저자가 연구를 통해 알아낸 부분은 무엇일까?

5) 저자의 개선방안은 어떤 효과를 가져왔을까?

잘 짜인 머리말은 책 한 권을 읽는 효과를 발휘하기도 합니다.

저자가 공들여 쓴 머리말을 그냥 넘겨버리지 말기 바랍니다.

넷째, 맺음말

"결승선에 대해 정해진 생각을 갖고 있었다면,

내가 그 결승선을 이미 몇 년 전에

넘었을 거라고 생각하지 않나요?"

마이크로소프트 창업주 빌 게이츠의 말입니다.
결승선이 어디에 있는지,
혹은 어떻게 생겼는지 미리 볼 수만 있다면
결승선을 향해 달려가는 우리의 발걸음은
보다 확실해질 것입니다.

책에도 결승선이 있습니다.
책의 결승선이란?
맺음말을 말합니다.

맺음말에는 책을 통해 독자가 얻을 수 있는 효과나 성과,
추가로 더 생각해보면 좋을 만한 내용 등이 언급됩니다.
책에서 읽어야 할 부분을 찾을 때 힌트를 줍니다.
본문 이전에 맺음말을 먼저 읽어야 할 이유죠.

머리말과 다른 점을 찾아본다면
맺음말은 사람의 묘비명과 같아서
책을 집필하고 난 저자의 솔직한 심경도 엿볼 수 있다는 것입니다.

다섯째, 목차

목차는 보통 4쪽 이내입니다.

어찌 보면 무시할 수도 있는 분량이죠.

실제로는 쉽게 넘어갈 부분이 아닙니다.

책의 지도와 같기 때문입니다.

소설이나 시를 읽는다면 목차의 중요성은 별로 크지 않겠지만

경제경영, 자기계발 분야의 책에선 목차의 비중이 큽니다.

우선 목차에 필요한 내용이 수록되어 있는지 살펴야 합니다.

아무리 봐도 자신이 원하는 내용이 보이지 않는다면?

구입하지 마십시오.

단, 자신이 찾는 것에만 국한하지 않는 열린 자세는 필수입니다.

자신의 생각과 달라 보이는 목차를 체크해보는 것도 괜찮지요.

관점을 넓히는 새로운 '인풋input'을 원한다면

목차를 처음부터 끝까지 꼭 살펴보세요.

여섯째, 다시 목차

목차를 훑어봤다면 이제 바로 본문을 읽으면 될까요?

아닙니다, 잠깐 여유를 갖도록 해보세요.

지금까지의 과정을 스캔해보는 것입니다.

표지를 보면서 생각했던 주제와 키워드,

저자 소개를 보면서 생각했던 주제 전개 배경,

머리말과 맺음말에서 가늠한 집필 계기와 독후 효과,

그리고 이것들이 목차에서 어떻게 구성되어 있는지 확인했다면,

이제는 목차를 다시 한 번 보면서

우선 읽어야 할 부분을 선정해야 합니다.

책을 가장 빨리 독파하는 방법은

필요에 맞는 책을 선정하는 겁니다.

그래야 열의와 집중력을 유지하면서 읽을 수 있습니다.

다시 목차를 확인하면서 그 긴장감을 기억해두십시오.

주의할 점이 있습니다.

다시 목차를 볼 때 아래의 두 가지를 확인해야 합니다.

1) 읽어야 할 부분은 가능하면 세 파트 이상 고르지 않는다.

    (전체 책의 20퍼센트 이내로 정하는 게 좋습니다.)

2) 우선 읽어야 할 파트 딱 하나부터 읽고 책을 덮을 생각을 한다.

한 권의 책에서 읽어야 할 부분을 최소화하기 위함입니다.

줄여야 합니다.

이왕이면 한 호흡에 읽을 분량으로요.

20~30쪽 정도가 적당합니다.

한 권의 책에서 너무 많은 부분을 읽겠다는 욕심을 버리십시오.

책이 너무 괜찮아서 여러 곳이 눈에 걸린다면?

우선 간단히 표시만 해두세요.

일단은 1순위 파트만 읽는 게 먼저니까요.

참고로 2순위 파트는 1순위 파트를 읽은 다음에 읽어야 할까요?

아닙니다.

다른 책을 읽고 난 후에 추가로 읽으세요.

책은 원래 아껴(?) 읽는 겁니다.

일곱째, 본문

드디어 본문에 진입했습니다.

목차에서 표시했던 1순위 파트를 읽는 순간입니다.

필요한 부분이어서 신중하게 선택한 챕터일 테니

평소 생각과 맞지 않아도 일단 열린 마음으로 읽기로 합니다.

이왕 자신이 읽고 싶은 부분을 선정해서 읽는 것이니
인상을 쓰고 트집을 잡으려 읽는 비평가적 태도보다는
자신에게 필요한 부분 딱 하나를 찾아내겠다는
긍정적인 모습으로 읽으면 더 좋겠지요.

여덟째, 다음 책을 찾아서

책에서 챕터 하나 달랑(!) 읽고 책장에 꽂아두는 건
익숙하지 않은 사람에게는 찝찝할 것입니다.
괜찮습니다.
아쉬움을 남긴 채 다음에 돌아와서 읽으면 되니까요.
이제 다음 책을 찾을 순서입니다.

같은 주제를 다른 관점에서 다룬 책을 연달아 읽기를 권합니다.
자기 내면의 지식의 축을 단단하게 세울 수 있는 최고의 방법은
'같은 주제의 다른 책 읽기'이기 때문입니다.

"책이 책을 읽어야 한다"라는 말에 동의합니다.
한 권의 책을 통해 다른 책에 이를 수 있도록 하십시오.
'줄여 읽으라면서 이게 뭐야?'라고 말할지도 모르겠습니다.

네, 맞습니다.

줄여 읽어야 합니다.

단, 줄여 읽되 관점은 넓혀야 하죠.

한 권의 책을 읽고서 다른 책을 읽고 싶다는 열망이 생겼다는 건
스스로에게 성장을 위한 자신감이 생겼다는 증거이기도 합니다.
저자를 뛰어넘는 경계 없는 독서가 시작되는 순간이며,
자기만의 통찰력을 쌓을 수 있는 기회가 온 것입니다.

한 권의 책에서 다른 책으로 넘어가면서 읽는 것도 편해집니다.
책을 읽는다는 것이 부담이 아닌 일상이 되는 순간이죠.
그 순간 우리는 진정한 독서가가 됩니다.

지금까지 줄여내어 읽기 위한 독서의 기술을
다소 억지처럼 보이는 여덟 글자로 줄여서 말씀드렸습니다.

'표, 저, 머, 맺, 목, 다, 본, 다'

한번 활용해보시되 사람마다 잘 맞는 방법이 있을 터이니
자신만의 읽는 방법을 만들어내시길 바랍니다.

줄일수록 더 많은 것이
전달됩니다

–

짧게 했을 때 얻게 되는 것

출판사 편집자와 술 한잔 할 때의 일입니다.

메뉴는 양갈비, 그리고 잘 어울리는 중국술이었습니다.

당연히 기분 좋고 마음 편한 분위기였어야 했는데……

예상보다 신통치 않은 책 판매 때문인지 다소 우울했습니다.

그뿐인가요?

책의 저조한 판매량보다 더 우울한 이야기를 듣게 됩니다.

술잔이 몇 번 돌았을 때 편집자가 툭 던진 말이었죠.

"사람들이 점점 읽는 능력을 잃고 있어요."

사람들은 이제 글자를 읽을 뿐 문장을 읽지 못한다,
정확히는 긴 문장을 잘 이해하지 못한다는 말이었습니다.
자신이 읽은 글이 무슨 뜻인지 파악하는 데
어려움을 겪는다는 거였죠.
그러니 책이 팔리지 않는다고…….

'아차' 했습니다.
그분은 읽는 걸 힘들어하는 일부 독자에 대한
아쉬움을 토로한 것이지만,
그 말 너머로 저를 탓하는 것이 아닌가 하는 생각이 들었습니다.

저를 되돌아봤습니다.

과연 나는 문장을 읽기 힘들어하는 사람들을 위해
글을 쓰면서 무슨 노력을 했었나?
'쓰면 읽어주겠지' 하는 오만함 속에서 글을 써왔던 건 아닐까?
읽히지 못하면 잊히는 세상에서 나는 어떻게 썼던가?

나름대로 글을 쉽게 쓴다는 말을 들어왔지만,
여전히 타인의 읽는 방식에 대한 고민은 부족했던 것입니다.

글을 읽는 분들에 대한 예의를 다하지 못했던 것입니다.

과거에 글을 쓰는 사람은 일종의 특권층이었습니다.
타인의 생각을 짓밟는, 폭력적 자기주장의 글쓰기도 허용되었죠.
지금은 시대가 변했습니다.
모든 사람이 글을 쓸 수 있는 시대입니다.

글을 써서 올릴 수 있는 플랫폼이 여기저기 가득합니다.
글을 읽는 사람은 무엇을 읽을지 선택할 수 있게 되었습니다.
읽기 싫은 글?
안 읽으면 그만입니다.

글이 생명력을 갖기 위해선 일단 읽혀야 합니다.
글을 쓰는 사람이 내용과 형식을 정하려고 하기보다는
글을 읽는 사람의 선택에 기댈 줄 아는 게 도리입니다.
두서없이 자기주장만 가득한 글은 읽힐 수가 없습니다.
글을 산만하게 만드는 요소를 없애려고 노력해야 합니다.

내 글에서 복잡하고 어지러운 요소를 찾았다면?
줄이고 제거해야 합니다.

그제야 비로소 "읽어주시겠습니까?"라고 말할 수 있습니다.
불필요한 것은 없애고 제거하고 줄여내면서
필요한 말만 간결하게 써야 합니다.

긴 글?
읽는 사람의 끈기를 확인하는 인내심 테스트일 뿐입니다.
글을 읽으며 자신의 끈기를 확인해보려는 독자는 없습니다.

불필요한 글들을 덜어내어 간결하게 문장을 구성하세요.
한 줄 더 쓰기 전에, 한 문장 더 추가하기 전에
'읽히도록 쓴다는 것'이 무엇인지 고민해보는 것이 먼저입니다.

신호를 보낼 때는 잡음이 섞여 있는지 확인해야 합니다

–

문해력 문제의 해답을 찾아서

'문해력文解力'이란 말이 있습니다.

풀이하면 '문장을 이해하는 능력'을 말합니다.

EBS 〈미래교육 플러스〉(2020년 2월 25일 방영)의 조사에 따르면

우리나라 학생들의 '문해율'이 약 25%라고 합니다.

글자를 읽고 쓰는 문맹률은 세계에서 가장 낮은 반면,

실제로 읽은 문장을 이해하는 건 25%에 불과하다는 것입니다.

그렇다면 나머지 75%의 학생들은?

읽은 내용을 이해하지 못한다는 것일까요?

실제로 성적이 낮은 학생들의 경우

공부의 양이 부족해서가 아니라
시험문제가 무슨 뜻인지를 잘 몰라서
답을 못 쓰는 경우가 많답니다.
묻는 말에 대답은커녕 질문 자체를 이해하지 못하다니,
이건 너무 큰 불행 아닌가요?

상대의 말을 이해하지 못하는 상황에서 답변해야 하는 답답함,
결국 자기가 생각한 말만 쏟아낼 수밖에 없는 현상은
출구 없는 대화처럼 답답합니다.

공부하는 학생들만의 문제인가요?
오히려 어른들은 더하지 않나요?
상대의 말을 들을 줄 모르는 수많은 정치인, 기업인 등이
국민, 고객의 말에 대한 문해력 부족으로
'한 방'에 몰락하는 사례가 얼마나 빈번합니까.

게다가 우리의 소통문화는 '눈치'와 '완곡어법'이 필수입니다.
부족한 문해력은 인간관계를 왜곡하고 악화시키는 원인이 됩니다.
문해력이 딸리면 언어적 대응이 어렵고 사회성도 떨어지게 되죠.

그러니 이 문제를 어떻게 해야 할까요?

문해력을 기를 수 있도록 집체교육이라도 시켜야 할까요?

문해력 향상을 위해 '재난문자' 보내듯이 경고라도 해야 할까요?

글쎄요, 저는 이쯤에서 조금 달리 생각해보렵니다.

글을 쓰는 입장에서 하나의 아이디어를 떠올려 본 것이지요.

'문해력 저하를 변하지 않는 상수常數로 보고

그들도 편하게 읽을 수 있게 쓰면 어떨까?' 하는 생각 말입니다.

부족한 문해력으로 고통 받고 있는 이들을 탓하기 전에

문해력 부족 현상이 왜 일어났는지를 살펴보자는 겁니다.

사실 사람들이 읽는 글의 양은 최근 오히려 많아졌습니다.

TV 프로그램을 보면 등장인물의 심리상태에 자막을 넣어줍니다.

요즘 애들이 그렇게 읽기를 못한다고 하지만

바꿔 생각해보십시오.

'왜 유튜브에는 온통 자막을 달아놓은 거지?'

오늘날 문제가 되는 문해력 부족의 원인은 일정 부분

쓰고 말하는 사람의 게으름에서도 찾을 수 있지 않을까요?

'개떡같이 말해도 찰떡같이 알아들어야지' 하는 자세,
그런 태도로 글을 쓰는 자, 말하는 자의 불친절이 문제입니다.

저부터 반성해봅니다.

작가로서 저는 글을 읽어줄 독자의 눈높이에
잘 맞추고 있었을까요?
아닌 것 같습니다.
저의 글에는 잡음이 가득했습니다.
그렇게 잡음 섞인 글을 써놓고선 이렇게 생각했죠.

'알아서 좋은 부분을 찾아 읽겠지?'

그뿐인가요?
원고지 500매를 써달라는 요청에 700매를 써놓고는
'나는 역시 글을 잘 쓰는 사람이야!'라며 자화자찬했습니다.
글을 길게 쓰는 걸 역량으로 생각했던 제가 부끄럽습니다.

적절한 이해와 소통에 지장을 주지 않는 선에서
최대한 줄여서 전달하려는 노력,

즉 '언어의 경제성'을 무시했습니다.
한 영화 속 대사처럼 '뭣이 중한지'를 몰랐던 것입니다.

말과 글 속에 신호만 담아내면 끝이라고 생각했지,
그 신호를 어떻게 전달할지에 대한 고민이 부족했습니다.
결국 잡음만 가득했습니다.
'신호 대 잡음비'가 엉망이었던 셈이죠.

요즘 사람들은 '요약된 것'에 관심을 갖습니다.
실제로 유튜브의 인기 동영상은
대부분 무언가를 줄여주는 것입니다.
책이건 영화건, 심지어는 정부의 부동산 대책이건
명확한 언어로 10분 이내로 요약해서 보여줍니다.

인기의 비결은 '줄임'에 있었던 것입니다.
이런 때에 양을 늘린 글쓰기?
환영받기 힘듭니다.

과거의 글쓰기가 '무엇을 쓸 것인가'의 문제였다면
지금의 글쓰기는 '어떻게 쓸 것인가'의 문제라고 합니다.

글쓰기의 본질이 '무엇을 쓸 것인가'에 대한 과정이라고 한다면
글쓰기의 품질은 '어떻게 썼는가'로 결정될 것입니다.

자신의 글을 타인이 읽어주길 원한다면서
읽을 사람에게 보물찾기를 강요해서야 될까요?
쉽고 편하게, 간결하게 줄여 쓸 줄 알아야 합니다.
읽을 사람을 고려하지 않는 독단적이고 이기적인,
고집스러운 자기 세계 속 글쓰기와 결별해야 합니다.
동의하시는지요.

여백은 채우라고
있는 게 아닙니다

—

독자의 시선이 원하는 프레임으로 글쓰기

다음의 case 1 , case 2 를 먼저 읽어보세요.

case 1

서울은 모두 15곳의 입주가 예정돼 있다. 5월 영등포구 당산동 센트럴 아이파크(802세대), 은평구 응암동 이편한세상 캐슬(2569세대) 2곳의 입주를 시작으로 6월 강동구 강일동 고덕강일지구……

case 2

서울은 모두 15곳의 입주가 예정돼 있다. 5월 영등포구 당산동 센트럴 아이파크 (802세대), 은평구 응암동 이편한세상 캐슬(2569세대) 2곳의 입주를 시작으로 6월 강동구 강일동 고덕강일지구……

2020년 4월 26일자 한겨레신문 기사의 한 부분입니다.

휴대폰으로 본 화면은 `case 2` 와 같았습니다.

길게 연결해 쓴 것이 `case 1` 이고요.

어느 것이 눈에 편한가요?

`case 2` 가 더 편할 겁니다. 왜 그럴까요?

휴대폰의 가로 길이에 익숙해진 우리의 시선 때문입니다.

좀 더 편하게 읽을 수는 없을까요?

저라면 아래 `case 3` 과 같이 쓰겠습니다.

`case 3`

서울은 모두 15곳의 입주가 예정돼 있다.
5월 영등포구 당산동 센트럴 아이파크(802세대),
은평구 응암동 이편한세상 캐슬(2569세대)
2곳의 입주를 시작으로
6월 강동구 강일동 고덕강일지구……

독자의 시선이 향하는 곳,

즉 '프레임(틀)'을 고민해야 합니다.

상대가 어떤 넓이와 높이의 틀에 익숙한지 확인하십시오.

특히 여백의 활용에 관심을 두세요.

여백에도 나름의 역할이 있습니다.

여백은 단순한 빈 공간이 아닌 강력한 실체입니다.

비어 있는 공간을 아까워하면서 채워 넣기 급급하다면 문제입니다.

여백은 오히려 글자가 빛을 발하게 하며

전달하려는 메시지를 명확히 한다는 것을 인정해야 합니다.

기업 경영 전략의 권위자인 하버드대학교 마이클 포터 교수는

"전략의 요체는 무엇을 할 것인가가 아니라

무엇을 하지 않을 것인가를 정하는 것이다"라고 했는데

글쓰기 역시 마찬가지입니다.

전진이 아닌 물러남의 방식으로,

여백에 무엇을 쓰려고 과도하게 애쓰기보다는

무엇을 넣지 말아야 할까 고민한다면 보다 좋은 글이 될 것입니다.

빽빽하게 들어찬 글자는 그 자체로 답답합니다.

누군가 자신의 글을 읽도록 쓰고 싶다면,

글의 본질을 잘 전달하고 싶다면,

여백의 활용을 고민해보세요.

불필요한 요소를
생략하면 글이 편해집니다

—

식당 컨설팅의 시작과 끝이 메뉴 정리인 이유

이미 갖고 있는 능력에 무언가 플러스하는 것만으로는
변화를 이끌기 어렵습니다.
"위대한 진리는 단순하고 소박하다"라고 했던 톨스토이의 말처럼
우리를 성장시키는 힘은 '플러스'가 아닌 '마이너스'입니다.

무언가를 넘치도록 하기보다 '덜함'이 중요한 이유입니다.
쓸모가 다한 지식과 지혜는 아낌없이 버리는 능력이 중요해졌습니다.
줄일 줄 아는 것이 역량이 되었으며,
그 역량이 개인의 자산이 됩니다.

변화는 익숙해진, 기존의 낡은 것을 버리는 것부터 시작입니다.

비워야 채울 수 있습니다.

글을 쓰는 것도 마찬가지입니다.

플러스가 아닌 마이너스의 글쓰기가 답입니다.

채워 넣으려는 욕심을 줄이고 대신 줄여서 쓰십시오.

필요하면 과감하게 건너뛰어도 됩니다.

팬데믹 상황에서 마스크 착용이 생활화되며

'건너뛰어도 될 만한' 화장은 생략하게 된 것처럼

자신의 글에서도 생략할 만한 것을 찾아보세요.

대표적으로 '접속사'가 그러합니다.

접속사는 단어, 문장, 구, 절 등을 연결하는 품사입니다.

종류도 다양하지요.

그리고

그런데

그러나

그래도

그래서

또는

및

즉

게다가

따라서

때문에

왜냐하면

나열만 했는데도 지루하지요?

접속사는 앞뒤 문맥의 관계를 나타내는 말로서
'자립어'라고 합니다.
격변화나 활용을 하지 않는 '불변어不變語'의 일종인 것이죠.
'변하지 않는' 특성을 지닌 접속사……

그래서일까요?

접속사가 들어가면 글이 길어질 뿐 아니라 답답해 보입니다.
고교시절 땡볕에 학생들을 모아두고 끝없이 말을 하시던
교장선생님의 지루한 훈화처럼 말입니다.

접속사를 뺀다는 건 어떤 느낌일까요?

요리연구가 백종원 씨가 TV 프로그램에서 식당 컨설팅을 할 때

자주 하는 하는 말과 비슷한 느낌 아닐까요?

"메뉴 정리부터 해주시죠."

사실 되도록 접속사를 빼라는 것은

글쓰기 세계(?)에서는 이미 널리 알려진 권장사항입니다.

저도 글을 쓸 무렵, 아니 배울 무렵

한 선생님께 조언을 받았습니다.

"글을 쓰고 나면 다시 읽으면서 접속사를 찾아 모두 빼세요."

처음에는 '접속사를 빼면 말이 안 될 텐데'라면서 의심했습니다.

고개를 갸우뚱하긴 했지만

'미친 척하고' 접속사를 빼보았습니다.

놀랍게도 문장이 한층 가벼워졌다는 느낌이 들더군요.

예를 들어볼까요?

case 1

날씨가 무척 포근해졌다. 그래서 코로나19로 인해 그동안 외출을 삼가던 사람들이 꽃구경을 하러 집밖으로 많이 나왔다. 그러나 다행히 예전만큼 붐비지는 않았다. 그리고 각자 조심하는 모습이 아름답게 느껴졌다.

case 2

날씨가 무척 포근해졌다. 코로나19로 인해 그동안 외출을 삼가던 사람들이 꽃구경을 하러 집밖으로 많이 나왔다. 다행히 예전만큼 붐비지는 않았다. 각자 조심하는 모습이 아름답게 느껴졌다.

그래서, 그러나, 그리고……
모두 뺐지만 이상하지 않습니다.
오히려 편안함이 느껴집니다.
접속사는 불필요함이었나 봅니다.
필요하지 않은 것을 굳이 글에 포함할 이유는 없습니다.

위의 사례에서는 접속사만 뺐습니다.
불필요한 요소가 사라진 편안함이 괜찮긴 하지만
이왕이면 좀 더 친절해지면 어떨까요?
글의 배치까지 신경 쓰는 겁니다.

날씨가 무척 포근해졌다.
코로나19로 인해 그동안 외출을 삼가던 사람들이
꽃구경을 하러 집밖으로 많이 나왔다.
다행히 예전만큼 붐비지는 않았다.
각자 조심하는 모습이 아름답게 느껴졌다.

접속사를 줄인 문장은 군더더기를 생략하여
필요한 부분만 드러낸 것입니다.
최소한의 것으로 근본을 드러내는 글쓰기인 셈이죠.
이제 불필요한 접속사를 과감하게 줄여보십시오.

쉽게 쓰는 것이
가장 어렵습니다

–

최악의 문체는 '잘난 체'

첫 책을 낼 때 여러 가지로 도움을 받은 선생님이 있습니다.
저의 첫 번째 '책 선생님'이라고 해야겠네요.
그분은 늘 말씀하셨습니다.

"줄여서 써라. 쉽게 써라."

한동안 고민을 했습니다.
'어떻게 하는 게 줄여서 쓰고 쉽게 쓰는 것일까?'

몇 년 후 선생님이 책을 내셨는데 그 안에서 답을 얻었습니다.
저자인 '책 선생님'의 허락을 받아 일부 인용합니다.

문제 형식으로 되어 있으니 먼저 풀어보시길(?) 권해드립니다.

제시된 문장을 쉬운 문장으로 고쳐 써본 후에

정답을 확인해보세요.

문제

1. 호구지책을 강구하기가 힘들었다.

▶ _____

2. 주가는 추가 상승의 여력이 있다.

▶ _____

3. 위와 같은 주장은 다음과 같은 논리로 대체되어야 한다.

▶ _____

4. 이런 논리는 다음의 경우에도 적용될 수 있다.

▶ _____

5. 타자적 욕망의 내면화라는 감정에 빠지지 말자.

▶ _____

6. 정상적인 가격보다 높은 수준을 유지하고 있다.

▶ _____

7. 면밀하게 관찰하자 상황파악이 유용해졌다.

▶ _____

8. 이 글은 시적 함의를 내포하고 있다.

▶ _____

9. 루이비통에서 밀레니엄 한정판을 내놓자 제한된 수요로 인해 고객들이 몰
   렸고 모친도 당장 하나 구입해야겠다고 신용카드를 들고 갔다.

▶ _____

어떻게 고치셨나요?

이제 정답과 비교해보십시오.

'줄여서! 쉽게!' 글을 쓴다는 것이 어떤 것인지 확인하면서요.

정답

① 먹고 살기 힘들었다.

② 주가는 더 오를 것이다.

③ 위의 주장은 이렇게 말해도 상관없다.

④ 그 말이 그 말이다.

⑤ 남을 위해 살지 말자.

⑥ 비싸다.

⑦ 척 보면 안다.

⑧ 뻥치고 있다.

⑨ 울 엄마가 미쳤다.

(출처 : 명로진 지음, 《베껴 쓰기로 연습하는 글쓰기 책》)

해답을 보면서 '넌센스 퀴즈네'라고 생각했을지도 모르겠습니다.
아닙니다.
원래의 글, 즉 문제의 글들은 분명 현학적이었으며,
굳이 문체에 이름을 붙인다면 '잘난 체'라고 생각합니다.
최악의 문체죠.

그렇다면 최고의 문체는 무엇일까요?
'쉬운 체'일 것입니다.
아니면 '겸손체'라고도 할 수 있겠네요.

독자와 함께 춤을 출 수 있는 쉬운 글,
복잡하고 현학적이지 않되 줄이고 또 간결한 글을 쓰세요.
'쉽게 쓴다는 것의 어려움'을 생각하는 계기가 됐기를 바랍니다.

소리 내어 읽다보면
글이 편해집니다

–

글을 두 번, 세 번 다듬어야 하는 이유

'퇴고推敲'라는 말이 있습니다.

'밀 퇴', '두드릴 고'를 사용한 한자어죠.

글을 지을 때 문장을 가다듬는 것을 뜻합니다.

의문이 생깁니다.

'밀고 두드림이 문장과 어떤 연관이 있는 걸까?'

여기에는 이유가 있습니다.

당나라의 유명한 시인 한유韓愈와 관련된 이야기입니다.

그가 경조윤 벼슬을 지낼 때 일입니다.

가도賈島라는 시인이 거리를 거닐면서 시에 골몰하고 있었습니다.

閑居隣竝少 한거린병소

草徑入荒園 초경입황원

鳥宿池邊樹 조숙지변수

僧__月下門 승__월하문

한가로이 머무는데 이웃도 없으니

풀숲 오솔길은 적막한 정원으로 드는구나

새는 연못가 나무 위에서 잠들고

스님은 달 아래 문을 _____

가도는 시의 빈 칸에 어떤 말을 넣어야 할지 고민하고 있었습니다.

'문을 '두드리네敲'가 좋을까, 문을 '미네推'가 좋을까?'

정신이 팔린 사이에 갑자기 큰소리가 들려옵니다.

"길을 비켜라! 경조윤께서 나가신다."

미처 피하지 못한 가도가 고개를 들어 바라보니

어느새 한유가 앞에 있었습니다.

수행원들은 길을 가로막은 가도를 붙잡아 한유 앞에 세웠고요.

한유는 길을 막은 가도의 이유를 들어봅니다.

그러고는……

"내 생각에는 '두드리네敲'가 좋은 것 같군."

한유는 후에 가도를 따로 자기 집으로 불렀고
두 사람은 함께 시를 이야기하는 친구가 되었답니다.
글을 가다듬는 것을 그때부터 퇴고라고 하게 되었고요.

다들 퇴고와 친한지 궁금합니다.
제 경험을 말씀드리겠습니다.

저는 책을 쓸 때 첫 번째 글, 즉 초고를 '쓰레기'라고 말합니다.
초고 단계부터 완성된 글을 쓰는 것이 어렵다는 것을 깨달은 거죠.
어떤 분들은 '일필휘지'로 한 번에 쓰는 능력이 있다고 하지만
미흡한 제가 따라갈 수 없는 영역인 것 같고요.

저는 천재가 아니기 때문에 퇴고는 절대적으로 중요합니다.
그렇다면 어떻게 퇴고를 진행해야 할까요?
저는 몇 가지를 염두에 둡니다.

첫째, 종이로 출력하여 원고를 살핀다.

모니터로 읽는 것과 종이에 인쇄된 글을 읽는 건 다릅니다.
모니터로 읽을 때는 보이지 않던 것들이
신기하게도 종이로 출력하면 보이는 경우가 많더라고요.

둘째, 세부 내용보다는 전체 구조에 집중한다.

글 구조의 기본 단위는 단락입니다.
퇴고를 진행할 때는 단락의 배치와 흐름의 편안함도 확인합니다.
초고를 쓸 때는 일단 쓰는 것 자체에 집중하느라
전체 구조를 깊이 생각하기 힘들기 때문이죠.

셋째, 마지막으로 소리 내어 읽어본다.

저에게는 이 과정이 가장 큰 도움이 됩니다.
퇴고가 거듭될수록 소리를 내어 읽어보는 과정을 반드시 거치는데
눈으로 볼 때는 별로 이상하지 않아 넘어갔던 부분이
소리 내어 읽으면서 어색한 경우가 많기 때문이죠.

자신의 글이 좋은지 나쁜지 아는 더 좋은 방법이 있긴 합니다.
다른 사람이 읽은 뒤 어떤지 솔직하게 들려준다면 최고입니다.
하지만 누가 재미없는 글을 꼼꼼하게 소리를 내면서 읽어줄까요.
읽었다고 해도 솔직하게 피드백해주기도 어려운 일이지요.
스스로 자신의 글을 읽는 노력을 아끼지 말아야 할 이유입니다.

퇴고와 친해지시기를 바랍니다.
퇴고에 거침이 없으면 독자에게 글이 편하게 읽혀질 테니까요.
퇴고 과정에서 자신이 쓴 글이 뭉텅뭉텅 잘려 나가기도 하지만,
뭐, 어떻습니까,
글을 읽을 사람의 시간과 돈을 아껴주는 일인데.

Part 3

줄여서 말하기로 했습니다

말을 줄이면
대화가 풍성해집니다

—

토론을 토론답게 만드는 세 가지 조건

글쓰기 스타일, 즉 '문체'라고도 하죠?

말투처럼 '글투', 즉 자기만의 글 스타일은 당연히 존재합니다.

하지만 세상과 화해하려면 달라져야 합니다.

읽혀지고 싶다면 말이죠.

시간을 내어 제가 그동안 썼던 글들을 살펴봤습니다.

읽고 듣는 사람이 바로 귀를 닫게 만드는 문체였습니다.

글뿐인가요?

생각해보니 일상에서의 제 말투 역시 겸손하지 못했더군요.

"고객 니즈도 있는데 그렇게 챌린지해 봐야 뭐해?"

"나이스하긴 한데 일정을 픽스할 수 있을까?"

"글로벌리하게 보면 딜리버리가 문제야!"

"딜레이할 바에는 캔슬하지, 뭐."

영어 하나 더 쓰면서 말에 품격을 높였다고 착각하고,

'자기 스타일', '자기 과시'라는 이물질을 첨가하면서

아무도 듣고 싶어 하지 않는 말을 했던 겁니다.

참으로 부끄러운 기억입니다.

말은 줄이고 듣는 것에 관심을 더하고 싶습니다.

요즘에는 이런저런 모임에서도 말의 독식을 막는 추세이지요.

언젠가 오프라인 독서모임을 알게 되었는데

'모임 규칙'이라고 정리된 일종의 규율(?)이 마음에 들었습니다.

그 규율은 다음의 세 가지였습니다.

– 실명 대신 닉네임을 사용하며 주민등록증을 까지 않습니다.

– 발언의 기회는 동일하며 발언당 3분을 넘지 않습니다.

– 주제와 상관없는 사적인 발언을 삼갑니다.

주민등록증을 '까지' 않는다는 건

나이와 직업, 직책을 말하지 않는다는 거겠죠?

발언당 3분을 넘지 않는다는 말은

누군가의 독식을 막는다는 것이고요.

사적 발언을 삼가라는 말도

시간을 소중하게 여기는 사람에겐 좋은 얘기입니다.

일방적인 말하기를 자제하고

어렵게 모인 상대방을 배려하면서

서로를 위해 필요한 말만 하겠다는 모임.

이런 모임이라면 가보고 싶습니다.

참여하고픈 생각이 절로 듭니다.

갑작스런 팬데믹으로 모임이 취소되어 참여하지는 못했지만

언젠가는 꼭 가고 싶은 관심 목록에 추가했습니다.

생각해보면 이런저런 모임에서 가장 화났던 순간이

누군가 주제와 관련 없는 자기 인생살이를 떠들 때였습니다.

맥락도 없이 주절주절 말이지요.

어쩌면 바로 그 사람이 저였을 수도 있겠지만 말입니다.

이제는 저의 말을 적절하게 줄이려고 노력 중입니다.

제가 들은 말 중에 최고의 찬사가 있습니다.
무엇일까요?

말을 잘한다? 아닙니다.
유쾌하다? 아닙니다.
똑똑하다? 아닙니다.
유머가 있다? 아닙니다.
유창하다? 아닙니다.

기억에 남는 최고의 찬사는 바로 이 말이었습니다.

"당신에게 말하고 나니 마음이 후련해졌다."

상대방의 관점에서 바라보고 상대방의 입장이 되어
자기 말은 줄이고 타인의 말을 듣는 습관이 중요한 이유입니다.

이야기꾼이 되려고 애쓰지 말았으면 합니다.
자신의 말을 적절하게 줄이며 듣는 사람이 되어보세요.
당신도 오늘 당장 최고의 찬사를 받을지 모르니까요.

'미니멀'에는 라이프만 있는 게 아니라
스피치도 있습니다

─

아쉬움을 남기고 떠날 줄 아는 현명함

직장에서 교육을 받게 되거나 외부에서 특강을 들을 때
어떤 강사들은 강의 막바지에 이런 말을 덧붙이곤 합니다.

"이거, 정말 중요해서 한 시간은 더 말해야 하는데……."
"시간이 한 시간 밖에 주어지지 않아서 아쉽지만……."

이런 말을 들을 때마다 뭔가 불편했습니다.
물론 강사의 마음도 이해합니다.
그의 열정과 해박한 지식에 대해서 말입니다.

하지만 두 가지 문제가 있습니다.

하나는 정해진 시간 내에 자신의 이야기를 정리하지 않은 게으름.
또 하나는 어차피 한 시간 더 하지 않을 것임에도 말하는 허언虛言.

이런 말은 청중에게 짜증을 일으킵니다.

'뭐야? 시간 내서 왔는데 정말 중요한 건 듣지 못한 거야?'
'한 시간 동안 별 말 안 하다가 왜 이제 와서 딴소리야?'

습관처럼 하는 변명의 말들, 할 말이 많은데 시간이 없다는 말들,
듣기 거북합니다.
답답하고 불편함만 가득합니다.
자신이 가진 게 많다고, 아는 게 많다고 자랑(?)하는 것이겠지만
듣는 사람 입장에서는 무능한 사람으로 느껴질 뿐입니다.
시간 하나 조절 못하는 사람으로 말입니다.

쓸데없이 괜한 말 한마디로 상대방에게 불쾌감을 느끼게 한다면,
그래서 앞서 했던 모든 말들을 헛되이 날려버린다면,
그만큼 자신의 에너지를 비효율적으로 쓰는 것입니다.
그럴 이유는 없습니다.

'나쁜 것으로부터 배우는 게 진짜 배움'이라는 말이 있듯이
여러 기업에서 특강을 진행하는 저도 힌트를 얻습니다.
강의법 혹은 말하는 법에 관한 것이죠.

첫째, 시간 조절에 유의한다.

시간이 부족할 것 같으면 쓸데없는 소리를 줄입니다.
10분 늦게 끝나면 답답하지만 10분 일찍 끝내면 깔끔합니다.
이 평범한 진리(!)를 놓치지 않으려 조심합니다.
반응이요?
거의 대부분 – 듣는 분, 진행자 가리지 않고 – 좋아하더군요.

둘째, 끝날 시간이 되어 '할 말이 남았다'라고 하지 않는다.

굳이 주어진 시간에 강의를 제대로 마치지 못하는 사람으로,
시간 관리를 제대로 하지 못하는 사람으로 보일 이유는 없습니다.
오히려 '준비한 것을 모두 말씀드렸다'고 하는 것이 프로답습니다.
시간이라는 제약 조건을 받아들이는 강사가 되고자 합니다.
불필요한 말을 줄여야 하는 건 기본입니다.

'미니멀 라이프'라는 말이 있습니다.

옷이 많아봐야 빨래하는 시간만 더 들고,

그릇이 많아봐야 설거지하는 시간이 더 드니,

옷도 그릇도 넘치지 않게 필요한 만큼만 소유하고

남은 돈과 공간으로 더 나은 일상을 누리려는 삶의 태도입니다.

라이프에만 미니멀이 있는 게 아닙니다.

스피치, 즉 말하기에도 미니멀이 필요합니다.

전달을 방해하는 원인이나 판단을 적극적으로 줄이는 것이죠.

줄여서 말할수록 헛된 에너지의 낭비도 줄어들 테니까요.

누군가와 대화를 나눌 때 자신의 말을 줄이려는 노력,

특히 더 말할 수 있는 위치에 있음에도 말을 아끼는 용기,

그렇게 줄여낸 말 한마디가 소통을 만듭니다.

뭔가 할 말이 남아 있어서 아쉬움이 남는 바로 그때,

자신의 말이 방만해진 탓에 혹여 피해를 입을지도 모르는

상대방에 대한 배려의 마음으로

말을 줄이고 또 멈추어야겠습니다.

할 말이 없을 때는
하지 않습니다

—

'분량 욕심'과의 이별

직장에서나 일상에서 아쉬웠던 장면들을 되돌아보면
대부분 제가 했던 말과 관련이 있습니다.
굳이 말을 할 필요가 없는데 괜히 말을 했다가
자신의 가치를 깎아 먹는 실수를 왜 그리도 많이 했던지…….

그런 말들은 대략 이렇게 시작되었습니다.

"나? 잘 몰라. 숫자에 약해."
"그거 알아. 재밌는 얘기가 있는데 들어볼래?"
"분위기 왜 이래? 분위기 좀 띄워줄까? 내가 옛날에 말이야…….."
"이거 비밀인데, 다른 사람한테는 절대 말하면 안 돼."

"박 대리 알지? 그 자식 알고 보니……."

주워 담을 수만 있다면 주워 담고 싶은 말들입니다.

할 말이 많아도, 아니 할 말이 있더라도 그 말을 줄여야 하는데
할 말이 없음에도 굳이 한마디 하겠다고 덤비다가 실수했습니다.
말하기를 줄여내고 말 그 자체를 멈출 줄 알아야 하는데
많이 말해야 존재감을 드러내는 줄 알고,
많이 말해야 사람들에게 인정받는 줄 알고,
대화에서 제 말이 차지하는 '분량 욕심'이 가득했던 것입니다.

일본에는 배가 80퍼센트 찰 때까지만 먹으라는 문화가 있답니다.
멈춰야 할 때를 알아야 함을 강조하는 것이겠지요.
말도 마찬가지입니다.
자기절제의 말하기가 필요합니다.
물론 모든 것이 넘쳐흐르는 '과잉의 시대'에
절제가 만만치는 않지만 말이지요.

자기 자신의 말하기에 많은 사람이 애착을 느끼는 이유는
말 몇 마디로 상대방을 변화시키겠다는 순진한 착각을

막연한 쾌감으로 생각하기 때문이라고 합니다.
내가 하는 말을 듣고 상대가 바뀔 거라는 믿음,
그 무모함을 이제 그만두어야 합니다.

섣불리 상대방을 변화시키겠다고 하는 알량한 자존심을 버리고
자신의 말을 듣고 있는 상대방을 '있는 그대로' 존중하세요.
다른 사람에게 영향력을 주려는 욕구,
그것을 통해 자기 자존감을 찾으려는 욕망을 다스리십시오.

일단 말을 줄이는 것으로 시작하세요.
나의 말이 방만해짐으로 인해
피해를 입을지도 모르는 사람에 대한 양보,
세상의 모든 것들에 무감각해지지 않는 타인의 삶에 대한 배려,
이러한 미덕들을 온전히 품을 수 있는 말하기의 태도니까요.

기억하세요.
할 말이 없는데도, 잘 알지 못하는데도,
억지로 말을 쏟아내다가 실수로 자신의 가치를 떨어뜨리는
그런 일이 없어야 한다는 것을 말입니다.
그것이 말하기의 현명함입니다.

나의 말 몇 마디로 상대방을 변화시키겠다는
순진한 믿음과 무모한 욕심 대신
할 말이 없으면 하지 않는 배려의 말하기,
하고 싶은 말을 줄여서 하는 양보의 말하기가
내가 하는 말의 가치를 더욱 높여줍니다.

역사상 최고의 연설은
단 열 문장으로 끝났습니다

—

세상을 바꾸는 시간, 2분 45초

링컨 대통령은 미국 역사상 가장 뛰어난 연설가 중 하나입니다.

그는 말하고자 하는 바를 뚜렷하게 전달하면서

동시에 따뜻하고 호소력이 넘치는 것으로 유명했습니다.

영화 〈링컨〉을 보면 그가 한 연설 중 가장 유명한

'게티스버그 연설' 장면이 그대로 재연됩니다.

그런데 연설이 순식간에 흘러가더군요.

시간을 재어봤더니 고작 2분 45초입니다.

궁금했습니다.

실제 원문이 그랬던 것일까?

찾아보니 연설은 총 열 문장에 불과했습니다.

1. Four score and seven years ago our fathers brought forth on this continent a new nation, conceived in Liberty, and dedicated to the proposition that all men are created equal.

   87년 전, 우리의 선조들은 모든 인간이 평등하게 창조되었다는 신념 아래 이 대륙에 자유를 기반으로 한 새로운 국가를 세웠습니다.

2. Now we are engaged in a great civil war, testing whether that nation, or any nation, so conceived and so dedicated, can long endure.

   지금 우리는 거대한 내전 속에 스스로 헌신하면서까지 지키려고 했던 이 국가의 존속 여부를 시험받고 있습니다.

3. We are met on a great battle-field of that war.

   우리는 바로 그 전쟁의 격전지에 모여 있습니다.

4. We have come to dedicate a portion of that field, as a final resting place for those who here gave their lives that the nation might live.

   우리는 이 땅의 일부를 조국을 위해 목숨을 바친 이들의 영원한 안식처로 봉헌하기 위해 이곳에 왔습니다.

5. It is altogether fitting and proper that we should do this.

전사자를 기리는 것은 우리가 마땅히 해야 할 일입니다.

6. But, in a larger sense, we can not dedicate – we can not consecrate – we can not hallow – this ground.

하지만 더 넓은 의미에서 보자면, 우리는 이곳을 헌정할 수도, 신성하게 할 수도, 거룩하게 할 수도 없습니다.

7. The brave men, living and dead, who struggled here, have consecrated it, far above our poor power to add or detract.

용맹스럽게 참전한 사람들이 이미 이곳을 신성하게 만들었기 때문에 우리의 미약한 힘으로는 더하거나 감할 수 없는 까닭입니다.

8. The world will little note, nor long remember what we say here, but it can never forget what they did here.

비록 세상 사람들이 우리가 이 땅에서 말하는 것을 주목하거나 기억하지 않는다 할지라도 그들이 이 땅에서 이루어 놓은 공적만큼은 절대 잊지 못할 것입니다.

9. It is for us the living, rather, to be dedicated here to the

unfinished work which they who fought here have thus far so
nobly advanced.

이제 이곳에서 싸웠던 그들이 지금까지 훌륭하게 발전시킨 미완의 과제에
매진하는 것이야말로 살아있는 우리의 몫입니다.

10. It is rather for us to be here dedicated to the great task
   remaining before us – that from these honored dead we take
   increased devotion to that cause for which they gave the
   last full measure of devotion – that we here highly resolve
   that these dead shall not have died in vain – that this nation,
   under God, shall have a new birth of freedom – and that
   government of the people, by the people, for the people,
   shall not perish from the earth.

   우리는 선조들이 모든 것을 바쳐 이룩한 위대한 과업에 헌신해야 합니다.
   명예롭게 죽은 이들이 전력을 다해 모든 것을 바친 대의를 위해 헌신해야
   합니다. 그들의 숭고한 희생과 헌신이 절대 헛되지 않도록 굳게 결의합시
   다. 하나님의 보호 아래 이 나라는 새로운 자유의 탄생을 이루어낼 것입니
   다. 그리고 인민의, 인민에 의한, 인민을 위한 정치가 지상에서 영원히 사라
   지지 않도록 우리 모두 다 같이 노력합시다.

   (*문장 번호는 임의로 기재한 것입니다.)

불필요한 요소가 사라졌을 때
본질은 강력하게 자신을 드러냅니다.
링컨의 연설이 그랬습니다.

마지막 문장이 다소 길었던 아쉬움(?)은 있지만,
한 시간 이상의 긴 연설인 줄 알았던 이 위대한 연설이
이토록 짧다는 것이 저에게는 충격으로 다가왔습니다.

2분 45초?
열 문장?
몇 마디 하지도 않고 끝났던 이 간결한 연설은
150년 넘게 인류 역사상 최고의 스피치 중 하나로 회자됩니다.

링컨이라고 말을 길게 하고 싶지 않았을까요?
아닐 것입니다.
할 말이 얼마나 많았겠습니까.
정치인은 말로 승부하는 직업인데요.

그럼에도 그는 말을 길게 하는 대신
간결한 문장을 선택했습니다.

짧은 문장으로 말하기 위해 여러 번 고치고 고민했을 겁니다.

이런 수고가 최고의 연설이 된 결정적 이유일 테죠.

타인의 시간을 줄여주면 존경을 받는다고 합니다.

자기 자신의 말을 줄이면?

명언이 됩니다.

링컨의 인기 비결은 줄이는 데 있었습니다.

말을 줄이면
사랑을 받습니다

–

'뽀통령'을 제친 캐릭터의 성공 비결

말을 안 하면 돈이 들어온다?

사실일까요?

그걸 증명한 캐릭터가 우리 가까이 있습니다.

'말을 아예 하지 않음'에도 인기폭발인 캐릭터,

'라이언'입니다.

'라이언'을 보고 처음에는 곰인 줄 알았습니다.

제가 곰이라고 착각했던,

정체성이 모호했던 그 캐릭터는

대한민국 부동不動의 캐릭터 선호도 1위라던

'뽀통령' 뽀로로마저 제쳤습니다.

도대체 라이언의 인기 비결은 무엇일까요?

한 언론은 그 이유를 이렇게 분석했습니다.

첫째, 갈기가 없어 부끄러워하는 수사자의 앙증맞음.

둘째, 누구에게도 잡히지 않도록 짧게 한 꼬리의 소박함.

뭔가 좀 부족해 보이지요?

이것만으로는 라이언의 인기가 쉽게 이해되지 않았습니다.

궁금증이 더해졌습니다.

호기심을 갖고 라이언을 자세히 살펴봤습니다.

그리고 알아냈습니다.

"라이언은 입이 없어서 인기가 있다."

라이언은 말하지 않습니다.

아니, 말하지 않는 것에 끝나는 것이 아닙니다.

'입이 없다'라고 생각했을 정도이니까요.

물론 입이 있긴 합니다.

하지만 그 입조차도 형태가 명확하지 않습니다.

두루뭉술하게 생긴 모습에,
말도 없이 무표정한 라이언의 모습은
세상 소음에 시달린 우리에게
아무 말도 없이 위로하는(것처럼 보이는),
이래라저래라 하지 않고 듣기만 하는(것처럼 보이는),
그런 모습으로 인기를 독차지하고 있습니다.

말없이 바라보기만 하는 모습으로 커다란 사랑을 받습니다.
곰이라고 하기도 애매하고, 사자라고 하기도 애매한,
'입 다물고 조용히 있는' 캐릭터 하나로 말입니다.
태생적으로 말을 줄일 수 있는 라이언, 부러울 뿐입니다.

저를 되돌아봅니다.
문득 이런 생각이 들었습니다.

'나에게 혹시 입이 없었다면,
아니, 있어도 없는 것처럼 할 수 있었다면,
더 성공하고 더 사랑받지 않았을까.'

입이 없었다면 일터에서 더 인정받았을 것입니다.

가정을 더 화목하게 이끌었을 것입니다.
입을 함부로 놀리지 않았다면
친구들에게도 더 인기 있었을 것입니다.

라이언처럼 가만히 누군가의 말을 들어주는
표정 하나만 제대로 갖추고 있었어도
좀 더 나은 사람으로 '대접'받았을 것입니다.
라이언은 입이 없어서, 아니 입이 있음에도 말하지 않아서
더 예쁘고 더 사랑받았습니다.

한때 막내딸의 마음을 사로잡았던 또 다른 캐릭터가 있습니다.
1975년에 태어나 어느새 마흔 살을 훌쩍 넘긴,
그럼에도 여전히 자산 가치가 20조에 이른다는
세계에서 가장 비싼 캐릭터인 '헬로키티Hello Kitty'.
이 친구 역시 입이 없습니다.

말을 줄이면 예뻐 보입니다.
말을 줄이면 사랑을 받습니다.
제가 그동안 사랑받지 못했던 이유를 이제 알 것 같습니다.

"생각 좀 해보고
말씀드려도 될까요?"
–

말하기를 잠시 미루는 힘

나의 말에 귀를 기울이며 미소를 짓고 있는 상대방,

생각만 해도 기분이 좋아집니다.

달변達辯인 사람?

열정적으로 연설하는 사람?

멋있을 수는 있지만 따뜻하게 느껴지지는 않을 것 같습니다.

오히려 말솜씨가 뛰어나지 않더라도

내 말을 잘 들어주는 사람이 좋습니다.

자기 말을 줄이고 듣기를 잘하는 사람은

서두르지 않는다고 합니다.

들을 줄 아는 사람은 권위를 앞세우지도 않습니다.

현명한 사람은 늘 자기의 말을 아낍니다.

대신 듣습니다.

따뜻한 사람이 되고 싶다면 먼저 들어야 합니다.

설령 상대방의 말이 내 기분을 자극하는 경우가 있더라도

있는 그대로 감정을 드러내는 말을 하지 않는 것도 능력입니다.

사실 제가 이 능력이 부족해서 걱정입니다.

누군가에게 자극받는 말을 들으면

그 즉시 반박하는 말을 쏟아내려고 하는 겁니다.

그 결과 원하지 않는 방향으로 일이 진행되는 경우가 많았습니다.

원하는 게 아니다 보니 늘 불만일 수밖에 없었습니다.

어디에 하소연할 곳도 없이 말입니다.

언젠가 상담심리학을 연구하시는 분에게 고민을 말씀드렸더니

이렇게 조언을 하시더라고요.

"말하기 전에 이렇게 말해보세요.

'생각 좀 해보고 말할게요.'"

'생각 좀 해보고……'

잊지 않으려고 메신저 프로필에 문구를 올려두었습니다.
그래도 여전히 급하게 말을 쏟아내는 경우가 있습니다.
말하기보다 듣기에 신경을 써야 할 텐데 말입니다.

듣기란 상대방에게 나의 여백을 슬쩍 빌려주는 행위입니다.
자신이 갖고 있는 흰 종이에
상대방이 마음껏 그리게 하는 과정이죠.
만약 깨끗한 종이를 빌려주고는
옆에서 이렇게 말한다면 어떨까요?

"아, 그 펜보다는 이 펜이 더 쓰기 좋아."
"노란색도 좋지만 그래도 파란색이 더 보기 좋지 않아?"

이래서는 '작품'을 기대하긴 어려울 겁니다.
잘해봐야 '낙서'나 나올까요?

잘 들을 줄 아는 사람은 상대가 작품을 만들 수 있도록
참견하지 않고 조용히 지켜볼 줄 압니다.
'한 타임 쉬고' 말할 줄 아는 겁니다.
말하기를 미루는 것도 능력입니다.

세상에서 가장 좋은 품사는
감탄사입니다

—

"Short is the best."

'Simple is the best'라는 말이 있습니다.
단순함이 최상의 아름다움을 뽐낸다는 말입니다.
말을 잘 줄일 줄 아는 사람은
단순한 감탄사로 대화를 이끌어냅니다.
상대의 말에 호응할 수 있는 최소한의 단어만으로
소통하는 것입니다.

'Simple is the best'라는 철학과 함께
'Short is the best'라는 마음가짐도 갖고 있습니다.
간결함이 최상의 아름다움을 뽐낸다는 것이죠.

단순함과 짧음을 표현해내는 방법을 잘 아는 현명한 사람들이
즐겨 사용하는 다듬는 품사는 '감탄사'입니다.

"아!"
"네!"
"그렇군요!"

미소를 담아서 짧게 말합니다.
길고 지루한 말 대신 간결하면서도 깔끔한 감탄사로 반응합니다.
상대방의 마음을 무장해제시키는 말하기를 알고 있는 겁니다.

감탄사만으로도 얼마든지 대화를 이끌어낼 수 있음에도
대부분의 사람들은 감탄사를 잘 사용할 줄 모릅니다.
오히려 상대방의 말을 자꾸 '받아치려고만' 합니다.
감탄사를 왜곡하여 사용하면서 말입니다.
예를 들어 이렇게 말이죠.

"아! 그것 봐. 내가 말한 대로잖아. 내 생각이 틀릴 리가 없다니까!"
"네. 하지만 제 의견은 좀 다릅니다."
"그렇군요. 하지만 저는 짜증만 나네요."

대화 내내 상대방의 얘기에 따뜻한 미소와 함께
'아!', '그래!' 하는 긍정적인 반응을 계속했다고 하더라도
마지막에 부정적인 말을 배치하면
결과적으로 아니함만 못합니다.
감탄사로 공들여 쌓은 탑을 무너뜨리지 마세요.
토 달지 말고, 오직 간결한 감탄사만 쓰세요.

말은 평화의 무기여야 합니다.
상대가 마음을 내보이기도 전에 섣부른 반응을 하는 건
대화를 평화가 아닌
전시 상태로 몰아가는 일이나 다름없습니다.
소통은 머리로 하는 것만이 아니라
가슴으로, 온몸으로 하는 것임에도
자기만의 선입견, 자기만의 논리만 앞세우다
대화를 망쳐버리는 실수를 저지르는 거죠.

'내가 얼마나 잘났는지 아느냐?'를 말하려 애쓰는 사람을
따뜻한 눈으로 바라볼 사람은 없습니다.
대화의 온도가 따뜻해질 일이 없습니다.

따뜻한 소통을 원한다면
자신의 말은 줄이고 타인의 말을 들으세요.
감탄사로 적절하게 추임새를 넣으면서 말이죠.
그것만으로도 충분합니다.

말을 많이 해야 성공하는 시대는
이미 지났습니다

–

세계적 과학자가 되는 비결이 궁금하다면

'나의 생각을 주장하는 것이 대화의 과정'이라고 생각하는 순간
대화는 다툼이 되고, 뱉어낸 말은 출구를 못 찾고 허둥댑니다.
타인의 생각을 읽겠다는 인내심이 없는 사람은
'인간관계의 여유'를 찾아내기 어렵습니다.

짧고 단순하되 긍정적인 반응을 계속하면서
상대의 말을 듣기를 멈추지 않는다면,
감탄사 하나만으로도 대화를 이끌어갈 수 있는 역량을 갖춘다면,
타인의 생각을 자신의 성장과 발전의 계기로 삼을 수 있습니다.

노벨물리학상 수상자인 리처드 파인만의 이야기가 생각납니다.

그는 자신과 생각이 다른 사람의 말을 들으려고 애썼답니다.
대학생 때는 자기 전공과 관련이 없는 과목을 수강하기도 했는데
타과 학생들이 모여 있는 곳을 찾아다니며 궁금증을 갖고
다른 사람의 이야기에 귀를 기울이고 싶어서였답니다.
그가 세계적 물리학자가 될 수 있던 비결이 아닐까요?

저 자신을 돌아봅니다.

'나는 내 말만 하려고 애쓰고 있지는 않았던가?'
'나와 다른 타인의 생각을 수용할 준비가 되어 있었던가?'

나이가 들고 회사에서 직급도 올랐지만,
가정이 생겼고 아내와 아이들이 생겼지만,
제가 세상에 하는 말들은 많아지기만 했습니다.
그 말들은 대부분 일방적이며 폭력적인 것들이었습니다.

나를 드러내려는 수단으로서의 말만 생각했지,
누군가의 말에 귀를 기울이려는 노력은 미숙했던 것입니다.
그렇게 아이들과 얘기를 했고,
동료들과 대화를 했으며,

심지어는 돈을 받고 초빙된 자리에서 강의를 했습니다.

상대방에 대해 잘 알지도 못하면서,
상대방의 고민과 생각을 알려는 관심조차 없이
마음대로 이야기를 쏟아내려던 나의 모습,
돌이켜볼수록 너무 부끄럽습니다.

로봇이 인간과 대화를 하는 시대입니다.
실시간으로 카톡을 나누는 챗봇이 그러합니다.
로봇도 말을 하는 시대에 사람이 해야 할 말은 무엇일까요?
상대방의 입장에서 하는 말이 아닌,
내 입장에서 쏟아내는 말이 누군가에게 들릴 수 있을까요?

줄이고 줄여서 필요한 말을 예의 있게 해야
비로소 우리의 말은 상대방에게 전해집니다.
상대방에게 유익한 그 무엇이
우리 입에서 나오는 말이어야 합니다.
과거의 흠결을 캐내는 것이 아닌 미래의 성과를 얻어내는
간결한 말이 필요한 때입니다.

회사를 예로 들어보겠습니다.

다음 중 어떤 말들이 더 귀에 익은지요?

혹은 어떤 말들이 입에서 더 잘 나오는지요?

case 1

"도대체 그동안 무엇을 했어? 어떻게 보고서가 이 모양이야?"

"시간 많이 줬잖아요. 그런데 이 문제점 하나 못 잡아내요?"

"누가 이렇게 하라고 한 거죠? 문제를 일으킨 사람부터 찾아냅시다."

case 2

"급하게 보고서 쓰느라 힘들었을 거야."

"일단 문제점부터 찾아봐요."

"이제 우리가 함께 해결할 차례입니다."

안타깝게도 대부분의 경우 우리는

case 1의 말을 듣고 말하는 것에 익숙할 것입니다.

case 1과 **case 2**는 말하는 목적은 동일하지만

전혀 다른 말처럼 느껴집니다.

특히 듣는 사람의 입장에서는 말이죠.

`case 1` 처럼 과거의 문제에 집착하는 말하기를 줄이고
`case 2` 처럼 긍정적인 미래를 기대케 하는 말하기를 해야 합니다.
말을 많이 한다고 모두 상대방에게 전해지는 건 아니니까요.

상대방을 잘 모르면서 함부로 말하려는 욕망을 줄이세요.
잘 알지도 못하면서 아는 체하는 말하기만큼
관계를 엉망으로 만드는 것도 없으니까요.

당신도 좋은 보고자가
될 수 있습니다

—

짧지만 아름답게 보고를 끝내는 세 가지 방법

직장인이라면 잘 줄여서 말해야 하는 필요성은 더 큽니다.

대면 접촉(만남)의 횟수가 극적으로 줄어든

요즘에는 더욱 그렇습니다.

예전 같은 지시와 통제, 그리고 명령의 말들이

오늘날에도 여전히 효과를 발휘할까요?

아닙니다.

이럴수록 입에서 나오는 말 한마디부터 조심해야 합니다.

직장인이라면 보고는 조직의 가장 일반적인 소통방법입니다.

보고를 잘하지 못하면 매사가 힘들어집니다.

어떻게 하고 있습니까?

결론부터 말씀드리면 이것 역시 짧을수록 좋습니다.
다음의 세 가지를 기억해두세요.

첫째, 적절한 선택권을 부여할 것.

"이렇게 하셔야 합니다"라는 말은 일방적입니다.
적절한 선택권을 보고받는 사람에게 제공해야 합니다.
"A와 B가 효율적인 것으로 분석되었습니다.
선택해주시면 좋겠습니다."

양자택일도 강요하는 느낌이 있으니
선택지를 좀 더 늘리는 것도 괜찮습니다.
"A, B, C 등의 대안이 있습니다. 조언 부탁드립니다."

둘째, '이렇게 해야 합니다'라고 말할 것.

"이렇게 하면 안 됩니다."
그리고 보고 끝?
이렇게 해선 안 됩니다.
보고의 목적은 문제에 대한 해결책을 찾기 위함이니까요.

보고자가 먼저 '불가능'을 선언하면 곤란합니다.

아무리 현황, 사실 위주의 보고가 중요하더라도
자신의 의지와 의견이 전혀 들어가지 않은 보고는
보고답지 못합니다.
"이렇게 하면 가능합니다"라는
긍정적 멘트를 보고에 담으십시오.

셋째, '그렇군요!'를 아끼지 말 것.

보고의 과정에서 항상 찬성만 할 수는 없겠지요.
상대의 말에 반대 의견을 제시할 순간이 온다면
어떻게 당신의 의견을 표현하겠습니까?
"그게 아니고요", "잘못 생각한 것 같은데……" 등은 피하세요.
부정적 느낌으로 상대방에게 말을 전달하는 순간
상대방은 방어 자세를 취할 수밖에 없습니다.

설령 상대에게 잘못을 지적받는 경우라도
일단 '그렇군요!'로 말을 시작하세요.
그리고 이렇게 덧붙이세요.

"그 말씀을 들으니 좋은 생각이 떠올랐습니다."
"조직 관점에서 봐야 하는데 미처 생각하지 못했습니다."

이렇게 하면 찡그려진 상대방의 눈매가 부드러워질 것입니다.
어쩌면 미안한 마음에 입가에 미소를 머금을지도 모릅니다.
이제 비로소 하고 싶은 말을 하시면 됩니다.

자신의 말을 줄이되 상대방의 입장에서 보고를 할 줄 아는 사람이
보다 건설적으로 직장생활을 해낼 수 있는 훌륭한 보고자입니다.
상대의 생각에 서면?
말이 길어질 이유가 없습니다.

보고 자리에서 말이 길어지는 자신을 발견했다면
'혹시 뭔가 잘못 되어가는 것은 아닐까?'라고 의심하면서
즉시 말을 멈추고 상대의 말에 귀를 기울이세요.

Part 4

줄여서 보기로 했습니다

오롯이 좋은 것만
눈에 담고 싶습니다

–

증권 애플리케이션을 삭제하면서 얻게 된 평화

좋은 것만 눈에 담으려 합니다.

아무거나 막 보면서 눈을 버리고 싶지 않습니다.

평온한 일상을 위해서라도 유익한 것만 눈에 담고 싶습니다.

좋은 것만 보겠다는 다짐은

여행을 떠나기 전 짐을 꾸리는 것과도 같습니다.

준비 과정에서 불필요한 짐을 덜어내면 어깨가 가벼워집니다.

더 오래 걷고, 더 많이 보고, 결국 더 많이 느낄 수 있게 됩니다.

보는 것도 마찬가지입니다.

불필요한 것, 불쾌한 것을 보는 일을 덜어내면

자신에게 진짜 필요한 것들이 비로소 모습을 드러냅니다.
영혼에 좋은 것들과 마주할 시간을 늘릴 수 있습니다.

제 얘기입니다.

예전에는 출퇴근길에 지하철역 입구에 있던
무료 신문을 읽었습니다.
언젠가부터는 핸드폰을 켜면 달려드는 주식 동영상을 봤죠.
이제는 아닙니다.

출퇴근길이나 쉬는 시간에 제가 선택한 책을 읽습니다.
TV를 볼 때도 원하는 프로그램을 골라서 볼 줄 알게 되었습니다.
하늘을 보며 사람을 봅니다.

눈에 좋다는 영양제 복용도 눈에 대한 예의지만
더 중요한 건 눈으로 들어오는 볼거리에 대한 선택입니다.
특히 TV나 핸드폰에서 무엇을 볼 것인가는 중요한 문제입니다.

물론 만만치 않습니다.
일종의 투쟁과도 같으니까요.

특히 핸드폰에서 좋은 것만 보려는 시도는 힘들었습니다.

불필요한 것을 안 보려고 온갖 노력을 다했습니다.

액정 화면을 흑백으로 설정해보기도 하고,

일정 시간이 지나면 강제로 먹통이 되게도 했으며,

조울증을 일으킬 것 같은 증권사 앱을 제거했습니다.

연예인의 시시한 가십들로 가득한 포털 앱도 삭제했고요.

결과는?

화려한 화면의 유혹에서 벗어날 수 있었으며,

하루의 시간을 적절하게 분배할 수 있게 되었고,

툭하면 증권사 앱을 들락거리던 모습에서 탈피했습니다.

쓸데없는 타인의 뒷얘기에 귀 기울이지 않게 된 것은 물론이고요.

'몸이 천 냥이면 눈이 구백 냥'이라는 말처럼

제 눈을 아끼고자 합니다.

눈에 들어오는 정보를 좋은 방향으로 구조조정하려는 것입니다.

아무것도 안 보겠다는 것은 절대 아닙니다.

불필요한 볼거리를 줄이기로 한 거죠.

좋은 것만 남기면서요.

나의 눈에, 나의 일상에 이롭지 않은 것 대신
나의 영혼에, 나의 행복에 좋은 것들을
필요한 만큼만 마주하세요.
눈이 편안해지는 것은 물론
마음도 한결 가볍고 평화로워질 테니까요.

타인의 일상다반사에
조증과 울증을 반복할 이유는 없습니다
–

SNS로부터 독립하는 힘

나름대로 핸드폰을 통제할 수 있다고 인정할 정도가 되었기에
이제는 스스로에게 핸드폰 사용을 어느 정도는 허(許)합니다.
단, 여전히 통제할 건 통제하려고 애씁니다.
타인의 SNS, 저에게는 특히 페이스북이 그러합니다.

페북 친구, 현재 저는 '딸랑' 21명입니다.
수백 명, 수천 명씩 친구를 보유한 분들이 보기에는
의아할지도 모릅니다.
물론 페북이 항상 안 좋은 것은 아닙니다.
경우에 따라선 저의 성장과 행복에 도움이 되기도 합니다.
'일'과 관련된 사람들의 페북은 이런저런 생각을 하게 해주며,

'쉼'과 관련된 사람들의 페북은 '힐링'을 느끼게 하니까요.

하지만 페북이 저의 주의력을 흐리게 하고 싶지는 않습니다.

페북을 보면서 유용한 아이디어를 못 얻는다면,

오히려 쉼을 방해받는다면 무슨 의미가 있을까요?

과감히 벗어나세요.

저도 한때는 수백 명의 페북 친구가 있었습니다.

그들의 일상을 들여다보는 것이 잠자기 전의 루틴이었습니다.

그러다 문득 이런 생각이 들었습니다.

'내가 이런 게시물을 왜 보고 있는 걸까?'

의미 없는 페북 게시물을 멍하니 보고 있는 모습이 한심했습니다.

끝없는 타인의 이야기에 넋을 놓고 있는 제가 싫었던 것입니다.

줄여서 본다는 것은 내가 보는 세상의 범위를 줄이는 것입니다.

줄이는 것의 대상은 플랫폼도 예외일 수 없습니다.

SNS 속 타인의 모습에 조증과 울증을 반복한다면

함께하는 시간을 줄여야 할 때입니다.

온라인으로 연결된 친구들을 정리할 차례입니다.

실제로 페북에 '좋아요' 버튼이 생긴 뒤
미국 10대 여학생의 정신질환과 자살률이 급증했다고 합니다.
타인과의 비교와 인정 욕구를 자극해
우울증과 자살 충동을 일으킨다니…….
소통을 위한 창구로 만들어졌다는 애초의 목적을 생각하면
너무나 아이러니하고 비극적인 결과입니다.

줄이세요.

괜히 관심을 두게 되는 페북 게시물 보는 시간을 줄이고
그게 잘 안 된다면 페북 친구 자체를 줄여보는 겁니다.
무슨 이유일까요?
자신이 원하는, 자기에게 유익한 좋은 것들만 보기 위해서죠.

페북만 말하는 건 아닙니다.
다른 SNS 역시 마찬가지입니다.
SNS와의 결별을 긍정적으로 생각하는 분들도 많습니다.
그들의 말을 들어볼까요?

"인스타 끊은 지 1년…… 내가 살면서 가장 잘한 일 중 하나."

"일주일 전에 삭제했습니다.

시간을 낭비 하지 않게 되어서 좋아요.

아직은 가끔 심심한데…… 다른 걸 하면 되겠죠?"

"인스타 끊고 나서 손가락 관절 통증이 사라졌습니다."

이들의 말, 어떻게 생각하시는지요?

자신을 방치하지 마십시오.

소중한 에너지를 엉뚱한 곳에 낭비하지 마세요.

일상에 도움이 안 되는 잡다한 내용의 SNS 게시물과는 결별하고

마음을 흔드는 타인의 이야기에 주도권을 내어주지 마세요.

남이 아닌 나를 보는 시간을 늘리세요.

일단
알림부터 끕니다
–

지금 당장 단톡방에서 탈출해야 하는 이유

개인적인 얘기입니다.

학교 동문들이 모여 있는 '단톡방'에서 최근 탈퇴했습니다.
약 100여 명의 꽤 많은 인원이 모여 있는 곳이었는데
어느 순간부터 단톡방에 올라오는 글을 읽는 것이
시간 낭비로만 느껴졌기 때문입니다.

단톡방에 올라오는 게시물은 크게 세 부류밖에 없었습니다.

첫째, 부고와 그에 딸리는 '삼가······'

도대체 언제 만났는지도 모르는,

연락을 자주하는 사이도 아닌

친구의 사돈의 팔촌이 돌아가셨다는 소식을 보는 건 답답했습니다.

저 역시 '삼가 고인의 명복을 빕니다'란 글을 쓰긴 했지만

뭔가 이상해서 스스로에게 질문을 던졌습니다.

'내가 정말 '삼가' 했던가?'

뭔가 스스로 정직하지 못한 것 같은 느낌이 들었습니다.

(참고로 '삼가'의 뜻은 '겸손하고 조심하는 마음으로 정중하게'입니다.)

둘째, 밑도 끝도 없는, 좋은(?) 말

야밤에 카톡이 울립니다.

'뭐야? 회사에 뭔 일 있는 거야?'

깜짝 놀라 확인하니 친구가 올린 글입니다.

'돈이 행복이 아니듯, 시련이 불행이 아니다.'

이게 뭐지?

유명인 이름을 출처로 남겨놓았더군요.

이런 글 때문에 잠을 깨다니……

화가 났습니다.

셋째, 잘난 척

5성급 호텔에서 애들 데리고 찍은 사진,

새 차 인증 샷,

럭셔리하다는 취미생활,

비싼 와인 마시는 거…….

뭐, 어쩌라고?

극히 개인적인 사생활을 왜 단톡방에 주르륵 올리는 걸까요?

시도 때도 없는 새 게시물 알람은 짜증으로 바뀝니다.

이처럼 불필요한 게시물이 단톡방을 도배한다면

과감히 빠져 나오는 것도 괜찮습니다.

그것도 줄임의 대상이니까요.

잘라내는 겁니다.

참고로 저는 핸드폰 앱 중에서 사진 편집 앱을 자주 씁니다.

가장 먼저, 가장 많이 사용하는 메뉴는 '잘라내기'입니다.

잘라내면, 줄이면 더 나은 이미지가 만들어집니다.

마찬가지 아닐까요?

보는 것의 범위도 잘라내고 줄여야 합니다.

에너지를 헛되게 앗아가는 모든 낭비적 요소는 줄이고 싶습니다.

새로운 게시물이 수시로 알림을 울리는 단톡방에서

지금 당장, 과감하게 빠져 나오십시오.

일상을 소중히 여기신다면.

만에 하나 도저히 나오지 못하겠다면

알림 설정만이라도 무음으로 해놓으세요.

그것만으로도 혼란했던 머리가 한결 나아질 테니까요.

시도 때도 없이 갑작스럽게 울리는 알람,
내 의지와 상관없이 올라오는 쓸 데 없는 소식에
소중한 에너지를 낭비한다는 생각이 든다면
과감히 삭제하고 빠져나오세요.
일상의 평화를 누리세요.

타인에게 휘둘리지 않기 위해
불필요한 메일부터 줄였습니다

–

주의력 보존의 기술

"오늘은 몇 개나 와 있을까?"

늘 이런 말로 업무를 시작하던 때가 있었습니다.
출근해서 메일함을 열어보면?

'새로운 메일이 27통 있습니다.'

밤사이 끝도 없이 쌓인 메일과의 싸움이 시작됩니다.
생각의 속도를 넘어선 메일의 홍수는 주의력을 약화시켰습니다.

어떻게 했을까요?

별 수 있나요.

최근순으로 하나씩 보는 거죠.

2020.03.03.08:43	[공지] 영업팀 전월 ***
2020.03.03.08:35	[학교 사랑 홍보요원] 도우미 모집 ***
2020.03.03.08:26	밀착취재! 요즘 20대는 24시간을 어떻게 ***
2020.03.03.08:24	퇴직연금 가입자 교육 자료를 ***
2020.03.03.08:20	다시 한 번 업계 선도적인 ***
2012.03.02.21:35	[멤버십] 결제 내역 안내 ***
2020.03.02.20:54	지금 바로 등록 ***
2020.03.02.20:50	특판! 홍삼 ***
2020.03.02.19:42	세미나에 당신을 초청 ***
2020.03.02.19:30	[필독] 자료를 확인하고 회신부탁 ***

...

스팸으로 보이는 메일은 쉽게 삭제하면 됩니다만
'필독'이라는 메일은 안 볼 수가 없습니다.
유관부서에서 보내왔으니까요.
우선 이것부터 확인하기로 합니다.
메일을 열어보니 관련 근거까지 포함된 긴 메일이더군요.

내용은?

우리 부서의 한 명에게만 해당하는 메일이었습니다.

메일을 송부한 부서에서도 정확히 누가 담당자인줄 모르니

어쩔 수 없이 부서 구성원 전체를 수신인으로 한 거지요.

이해는 되지만 슬며시 짜증이 납니다.

어찌하여 10개의 메일을 간신히 '읽음'으로 바꿔놨지만

새로운 메일함에는 여전히 17개의 메일이 빨간색 글자로

얼른 봐달라고 재촉합니다.

시간은 벌써 30분이 훌쩍 지나갔습니다.

전날 퇴근하기 전까지 그렇게 열심히 메일을 지웠음에도

'읽지 않음'으로 표시된 굵은 메일 제목들이 저를 괴롭힙니다.

미국의 한 기업에서 구성원의 컴퓨터 활동을 분석한 바에 의하면

새로운 메일 도착 알림에 주의력을 뺏겼다가

다시 집중하기 위해선 무려 22분이나 걸린다고 했답니다.

저의 아침이 엉망이 될 수밖에 없는 이유였습니다.

지금은 그나마 메일을 관리합니다.

수신 메일 자체를 줄이는 방법을 터득한 거죠.

메일을 처리하면서 허둥대던 시간도 줄어들고 있습니다.
방법은 예상외로 단순했습니다.
다음의 두 가지였습니다.

첫째, 불필요한 메일은 차단하거나 휴지통으로 직행하게 한다.

메일을 하나하나 읽고 나서 삭제하는 일을 거듭해봐야
누군가의 무자비한 메일 폭탄에서 벗어나기는 어렵습니다.
불필요한 메일을 봤다면 그 즉시 수신을 차단하십시오.

수신 차단을 해도 될까 고민되는 메일은?
자동분류 기능을 활용하여 휴지통으로 직행하게 설정해두세요.
가끔 휴지통을 비우기 전에
필요한 메일이 있는지 확인하면 됩니다.

둘째, 처리한 메일은 별도의 보관함으로 이동시킨다.

우선 하나만 기억해두십시오.

"'받은 메일함'은 1페이지가 넘어선 안 된다."

이것만 제대로 해도 메일 때문에 고통 받을 일이 없습니다.

어떻게 받은 메일함이 1페이지가 넘지 않게 만들 수 있을까요?

간단합니다.

메일 시스템에 별도의 메일함을 하나 만들어 놓습니다.

처리가 완료된 메일은 모두 그쪽으로 보냅니다.

불필요한 메일은 차단하거나 휴지통으로 직행하기.

처리한 메일을 별도 보관함으로 이동시키기.

이 두 가지만 실천해도 메일함이 수십 페이지씩 될 일은 없습니다.

복잡함을 줄일 수 있는 건 물론

자기만의 절대시간이 확보됩니다.

마음의 다급함을 줄일 수 있게 되는 건 당연한 일이고요.

그래도 잘 안 되면 아예 메일 보관함 하나를 만들어서

일단 받은 메일함에 있는 메일 전부를 그곳으로 이동시킨 후

아무것도 없는 깨끗한 받은 메일함에서 시작해보세요.

세상 편해진 자신을 발견하게 될 겁니다.

메일 스트레스에서도 해방될 것이고요.

봐야 할 것만 골라서
보는 것도 역량입니다

—

범위를 줄여서 보면 알게 되는 것들

국내 트렌드 분야의 일인자로 꼽히는 김난도 교수.

그가 최우선으로 찾는 휴식법은 무엇일까요?

트렌디한 음악 듣기?

TV 프로그램 시청하기?

최신 정보를 유튜브에서 체크하기?

아닙니다.

'신문 읽기'였습니다.

한 인터뷰에서 그는 '종이신문을 보는 시간을 제일 좋아한다'며,
심지어 집에서 여러 종의 신문을 구독한다고 밝혔습니다.

매일 한두 시간 누워서 신문을 보는 게 그의 놀이고 휴식이라지요.
왕년에는 클래식 다방 DJ를 했을 정도로 음악도 많이 듣고
좋아하는 취미가 많았지만 음악을 거의 듣지 않는 요즘에도
일을 하고 신문을 읽는 것은 즐겁다고 합니다.

그는 봐야 할 것만 보려고 애쓰는 사람입니다.
볼 필요가 없는 것에는 자신의 시간을 낭비하려 하지 않았습니다.
문득 궁금해졌습니다.
그는 트렌드에 대한 감각을 어떻게 유지할까?
신문을 읽는 것으로 그게 가능할까?
인터뷰어의 질문 역시 마찬가지였습니다.
그는 이렇게 대답합니다.

"중요한 건 깊이 생각하는 것이다. '진짜 사나이'가 인기다. 왜 연예인이 군대
가서 고생하는 걸 좋아하는지 그 이유를 얘기해야 한다. 그게 촉이다. 그걸 기르
는 건 청담동이나 가로수길에서 밥 먹는 게 아니라 도서관에서 고전을 읽고 깊
이 있는 생각을 하는 데서 나온다. 고전이나, 인문학적 분석이 있는 글을 많이
보려 노력한다. (중략) 경계 없는 독서를 하고, 끊임없이 읽고 메모해라. 거기서
깊이 있는 사유가 나온다."

(출처 : <매일경제> 2013년 11월 1일)

자기를 통제할 줄 아는 사람의 말입니다.

그는 자신이 바라봐야 할 것만 바라볼 줄 압니다.

최신의 트렌드는 청담동에서 퓨전 음식을 먹는 게 아니라

독서에서 비롯된다는 그의 생각에서 깨달음을 얻습니다.

저를 되돌아봅니다.

과연 저는 봐야할 것만 보려고

환경을 잘 통제하고 있었을까요?

아닙니다.

그렇지 못했습니다.

예를 들어보겠습니다.

일을 하다 보면 필요한 업무를 위한 정보를 찾겠다고

포털사이트에 접속하는 경우가 있습니다.

하지만 포털에 접속하는 순간 저는 길을 잃곤 했습니다.

처음에는 경쟁사의 영업 전략을 알아보고 싶어서 접속했지만,

한참 시간이 지나 포털을 나올 때 마지막에 본 웹 페이지는

최근에 종영한 드라마에 출연한 여배우에 관한 것이었습니다.

이런 일은 자꾸 반복됩니다.

얼마 후 회사 업무에 필요하다는 이유로

포털사이트에서 '엑셀 함수'에 대해 검색합니다.

하지만 결국 한 아이돌의 연애기사를 보면서 끝납니다.

남은 것은 무엇이었던가요?

그저 수많은 쓰레기 정보뿐이었습니다.

일생에 도움이 안 되는 잡동사니에 제 자원을 낭비한 거지요.

당신은 저의 실패를 반복하지 않았으면 합니다.

그래서 묻고 싶습니다.

"지금 당신이 바라보고 있는 것은 무엇입니까?"

바라보아야 할 것만 바라볼 수 있도록

바라보는 범위를 줄여보세요.

**"최대한 줄여라.
너희의 삶이 평온해질 테니."**

–

미친 듯이 심플함의 위대함

스티브 잡스, 오랫동안 우리의 마음을 설레게 했던 분입니다.

그래서일까요?

한때는 스티브 잡스의 모든 것이 '흉내'의 대상이었죠.

잡스처럼 입고(입어야 하고!)

잡스처럼 말하고(말해야 하고!)

잡스처럼 손짓하고(손짓해야 하고!)

심지어 청바지에 어두운 계열의 티셔츠는

프레젠테이션 복장에 관한 한 '포멀formal'이 되었습니다.

이런 것들, 어디 흉내 내기가 쉬운 가요?

오히려 부담이 되어버렸죠.

그중에서도 우리의 머리를 가장 아프게 했던 건
잡스의 프레젠테이션이 아닐까 합니다.
무작정 욱여넣으면 되는 줄 알았던 슬라이드 화면이었는데,
배경이라곤 검정 아니면 하양, 이렇게 둘 중의 하나.
글자와 그림 역시 딱 하나만 깔끔하게 배치하고
그걸 스토리로 엮어내는 그의 역량은
후대의 발표자에게 큰 숙제로 남았습니다.

사실 그에게는 아무런 잘못이 없습니다.
그는 사람들의 마음을 잘 읽어낸 죄밖에 없습니다.
프레젠테이션의 속성 그 자체를 알아채지 못했던,
'줄임'과 '비어 있음'의 무한한 가능성을 몰랐던
잡스 이전의 발표자들이 문제였죠.

고백하자면 저 역시 그랬습니다.

청중들이 지루해 죽을 것 같은 자료들을 넘치도록 들고 가서는
'내가 이렇게 준비해왔다고! 그러니 잘 들으라고!' 하는 마음으로

도표와 그래프를 끝도 없이 보여주던 기억들이 생생합니다.

저를 보며 '지루해!'라고 하는 청중의 신호를 알아채지 못하면서
성실함, 정확히는 양으로만 승부하던 불친절로 가득했습니다.
잡스를 몰랐고, 발표의 본질을 몰랐던 것입니다.

프레젠테이션은 '흘낏 쳐다보는 매체',
일종의 '옥외간판'에 불과합니다.
옥외간판은 거리를 지나치는 사람들에겐
봐도 그만 안 봐도 그만이죠.
어떻게 하면 거리를 스치듯 지나가는 사람의 눈길을 잡아낼지
고민하고 걱정해야 하는 게 발표자에게 주어진 과제입니다.

잡스는 그걸 해냈습니다.
저는?
해내지 못했고요.

'미친 듯이 심플함의 위대함'을 잡스는 알았던 것입니다.
의사소통의 핵심을 이루는 원리가 간결임을 알았고
그중에서도 특히 두 가지를 잘 줄여냈습니다.

첫째, 복잡함.

둘째, 중복.

복잡함을 줄인다는 건 글자를 줄이고, 그림을 줄이는 것입니다.

현실의 복잡함을 무시하고 무조건 단순화하라는 것은 아닙니다.

핵심을 전달하는 데 꼭 필요한 것만 제시하자는 것이지요.

본질이 아닌, 오히려 본질로부터 멀어지는 것이 있을 때

이를 알아채 거두어내고 줄이며 제거하는 게 맞습니다.

중복을 줄인다는 건 같은 내용을 반복하지 않는다는 것입니다.

예를 들어 발표자가 말로 명확하게 설명할 것을

군이 프레젠테이션 화면에도 담을 이유가 없다는 뜻입니다.

말로 설명하는 내용 그대로 슬라이드에서 반복되는 건

지루함만 불러일으킨다는 점을 알아야 합니다.

'복잡함의 감소'와 '중복의 제거'를 스티브 잡스는 잘 해냈습니다.

잘 줄여내고자 하는 우리도 이를 기억해두어야 하겠습니다.

프레젠테이션을 준비할 경우 뭔가 어색하다면

다음 두 가지를 체크해보면 도움이 될 겁니다.

첫째, 이 슬라이드는 꼭 필요한가? 아니면 빼도 되는가?

둘째, 이 슬라이드가 꼭 필요하다면 줄여야 할 부분은 무엇인가?

슬라이드에 아무리 빈 공간이 남아 있어도

단 하나의 키워드만 담았던 잡스가 강조한 경영철학 중에

'간단하고 단순하게 하라'는 것이 있었답니다.

심플함에 집중하는 그의 모습이 대단합니다.

실제로 그를 다룬 전기 영화 〈잡스〉에는 이런 장면이 나옵니다.

인도에 건너 간 잡스는 '파라마한사 요가난다'의 책을 읽는데,

그 책에서 하나의 문장을 찾아내어 일생의 화두로 삼습니다.

"최대한 단순하게 생활할지어다.

그러면 너희의 삶이 놀랍도록 평안해질 테니."

저는 이를 이렇게 변형하여 인생의 교훈으로 삼고자 합니다.

"최대한 줄여라.

그러면 너희의 삶이 놀랍도록 평안해질 테니."

인간관계가 거칠어지고 있다면,

일상이 뭔가 잘 풀리지 않고 꼬이기만 한다면,

프레젠테이션을 하는데 뭔가 허둥대고 있다면,

그때가 바로 뭔가를 줄여야 할 때임을 알아채고자 합니다.

하수는 타인에 대해 말하고,
고수는 아이디어에 대해 말합니다
–

인생고수로 살아가는 방법

'고수'란 자기 분야에서 탁월성을 보이는 사람을 말합니다.
어떻게 자기 분야를 찾고 또 그 분야에서 고수가 될 수 있을까요?

다음 문장을 기억해두시면 됩니다.

"타인에 대한 쓸데없는 관심을 줄이고
자신의 아이디어에 대한 관심을 늘린다."

타인을 말하는 것에만 관심을 갖게 되면 '남 탓'에 밝아집니다.
반면 아이디어를 말할 줄 알면 스스로 책임을 지며 행동합니다.
줄여야 할 것은 타인에 대한 쓸데없는 관심입니다.

해야 할 것은 아이디어와 실행이고요.

인간관계에 있어서도 마찬가지입니다.

타인의 말과 행동에 지나친 판단을 줄여보세요.

'왜 저렇게 말하는 걸까?'

'무슨 의도로 이것을 하라는 거지?'

'갑자기 친한 척하는 이유를 도대체 모르겠는데……'

'어? 분명히 나를 본 것 같은데 왜 모른 척을 하는 거지?'

이런 생각이 차오를 때는

그냥 생각을 줄이고 당당하게 말하세요.

"그 말을 왜 하는 거야? 궁금해서."

"이걸 나에게 해보라고 하는 이유를 알고 싶어."

"친절하게 대해줘서 고마워요."

"잘 지냈어? 아까 널 봤는데 네가 날 못 본 거 같아서 온 거야."

과연 내가 관심을 기울여야 할 일인지를 확인해보세요.

타인을 향한 불필요한 걱정과 고민은 어떻게든 줄여야 합니다.

'무쓸모'라는 말이 있습니다.

'쓸모'에 '무無'를 붙인 것으로 '쓸 만한 가치가 없음'의 뜻입니다.

무쓸모 중에서도 최악의 무쓸모는

자신과 아무런 관련이 없는 타인의 모습에 관심을 두는 것입니다.

그럴 시간에 자신의 아이디어를 발전시키세요.

세상에 나가 그 아이디어를 내보이고 또 실현하세요.

공허하기만 한 타인의 모습에 대한 무쓸모의 관심보다는

'쓸모의 쓸모', 나 자신의 아이디어와

그 실현에 관심을 두는 것입니다.

행동하는 사람이 고수가 됩니다.

결국에 모든 성과물을 얻는 최후의 승리자가 됩니다.

무엇인가를 제안하고 또 시행착오를 거치는 과정에서

자기만의 작품 하나를 만들 수 있게 됩니다.

타인에 대한 관심은 줄이고

자신이 행동하게 만드는 아이디어는 늘리세요.

그것이 인생고수로서 일상을 즐기는 방법일 테니까요.

쓰레기를 그대로 두면 더 많은
쓰레기가 쌓이게 됩니다

–

불필요함을 저장해두지 말 것

오래전의 일입니다.

지방 소도시의 버스 터미널 화장실에 간 적이 있습니다.

왜 그랬는지 청소가 엉망이었습니다.

손을 씻는데 수도꼭지를 만지기가 걱정될 정도로 지저분했습니다.

닦긴 닦아야겠기에 손을 대충 물에 헹궜습니다.

작동 안 되는 핸드드라이기를 보고 성질이 났나봅니다.

그래선 안 되는데 화장실 바닥에 아무렇게나 물을 털어버리고는

주머니에 있던 휴지로 대충 물기를 닦은 뒤

세면대 위에 쌓여 있던 다른 휴지 위에 던지듯 버렸습니다.

먼저 저의 잘못을 고백합니다.

바닥에 물기를 털고,

사용한 휴지를 아무데나 버린 것 말입니다.

제 부족함을 반성합니다.

다음으로 말씀드릴 건 '제가 떠나고 난 후'에 관한 이야기입니다.

상상해보시죠.

제가 그 화장실을 나온 후 그곳은 깨끗해졌을까요?

아닐 겁니다.

시간이 갈수록 더욱 지저분해졌을 겁니다.

여기에서 하나의 교훈을 배우게 됩니다.

아무리 작은 것이라도 쓰레기는 줄여야 합니다.

쌓아두지 말아야 합니다.

줄이면 줄일수록 깨끗해지고

쌓이면 쌓일수록 더러워집니다.

단순히 화장실의 휴지만 문제가 아닙니다.

우리 주변의 모든 것이 그러합니다.

생각도 마찬가지입니다.

깨끗하고 평안해야 할 마음을 쓸데없는 생각으로 채우는 것은
스스로 영혼을 쓰레기통처럼 취급하는 것과 같습니다.

읽어야 하는 것, 보아야 하는 것도
하나하나 꼼꼼히 챙겨야 하는 이유입니다.

정보가 무차별적으로 유입되는 요즘 같은 시기에는
자극적인 정보에 쉽게 유혹 당하기가 쉽습니다.
아무 생각 없이 눈으로 보고 그것을 머리에 담아두는 순간부터
우리의 뇌는 쓰레기장이 되어 갑니다.

언젠가 이런 뉴스를 봤습니다.

홀로 사는 한 할머니가 있었습니다.
집안 가득 천장까지 닿을 정도로 물건을 쌓아두어
쓰레기장처럼 되어 버린 집에서 힘겹게 생활하고 있었는데
위생문제와 화재 위험을 걱정한 지자체에서 여러 차례 설득하여
결국 할머니가 모아 두었던 것들을 처리했답니다.

그런데 크지도 않은 집에서 무려 5톤의 폐품이 수거됩니다.

더 놀라운 것은 5년 전에도 할머니 집의 쓰레기를 치웠었답니다.
뭔가 끔찍합니다.
도대체 할머니에겐 무슨 일이 있었던 걸까요?

원인을 떠나 그 현상 자체를 '저장 강박증'이라고 합니다.
이는 어떤 물건이든지 사용 여부에 관계없이 계속 저장하고,
그렇게 하지 않으면 불편한 감정을 느끼는 병이랍니다.
이야기 속에서 불필요한 것을 쌓아두는 사람을 발견합니다.

한편으로는 우리에게도 있을지 모르는
강박증에 대해 걱정해봅니다.
줄이지 못하고, 버리지 못하는 것도 병이라는 걸 잊지 마세요.
불필요함, 지저분함은 아예 처음부터 들이지를 마십시오.

지저분하고 답답한 얘기만 한 것 같습니다.
이번에는 좀 더 마음이 편해지는 이야기를 들려드려야겠네요.

서울의 한 백화점에서 있었던 일입니다.
그곳의 화장실은 깨끗함을 넘어 편안함까지 느낄 정도였습니다.
그 화장실에서 저의 행동은 달랐습니다.

마치 '깨끗한 화장실 만들기 캠페인'을 하는 사람 같았습니다.
손을 닦다 물이 세면대에 튀기자 핸드타월을 뽑아 와서는
다른 사람이 남긴 물기까지 닦아내는 수고를 아끼지 않았습니다.
그때 저는 생각했습니다.

'깨끗함을 보존하고 싶은 게 사람의 상식이자 본능이다.'

깨끗함을 불필요함과 지저분함으로 오염시키지 마십시오.
처음 시작은 작은 것 하나에서 비롯되기 마련입니다.
작은 것 하나도 잘 처리해야 합니다.
잘못된 건 즉시 줄이십시오.

최고의 인테리어는 줄이고 버리는 것에서
시작하고 끝납니다

–

잘 모르면 일단 버릴 것

줄이다보면 결국 '정리'라는 개념과 마주하게 됩니다.
정리는 어디에서 시작해야 할까요?
'0', 즉 '제로'에서 시작합니다.

줄이는 것도 정리지만 찔끔찔끔 줄이는 게 힘들 땐
한 번에 정리하는 것도 괜찮은 방법입니다.
단, 정리의 요소를 파악하고
그에 맞춰 스스로를 돌아봤으면 합니다.

정리의 개념은 다음의 두 가지 요소를 포함합니다.

첫째, 정리는 '끝냄'이다.

정리를 했다면 무엇인가 끝나 있어야 합니다.
끝이 나지 않은 정리는 정리가 아닙니다.
실패한 것입니다.
줄이고 버리는 정리의 끝은
긍정적인 새로운 변화를 시작할 수 있는 힘으로 이어져야 합니다.
하루종일 책상을 정리했는데도
여전히 정리할 게 남아 있다면 잘못된 겁니다.
이왕 줄일 것이라면, 버릴 것이라면,
완벽하게 끝내세요.

둘째, 정리는 '질서'다.

줄이고 버렸다면 기존의 혼란함은 당연히 사라져야 합니다.
직장에서 업무상 파일을 정리했다고 가정해볼까요?
더 이상 과거의 파일들로 인해 우왕좌왕할 일이 없어야 합니다.
이때 새로운 파일이 생겨나고
그로 인해 다시 과거의 파일들과 뒤죽박죽이 된다면
정리에 실패한 것입니다.

어떻게 해야 할까요?

과거의 파일은 아예 새로운 폴더를 만들어 몰아넣으세요.

그래야 질서가 생깁니다.

줄이고 버리며 정리를 해야 하는 이유는

더 가치 있는 일에 자신을 집중하고 싶기 때문일 겁니다.

"초점을 맞추기 전까지는

햇빛은 아무것도 태우지 못한다"라는 말처럼

제대로 집중하기 위해 줄이고 버리는 것입니다.

우리의 일상은 심플해야 합니다.

쓸데없는 일에 시간과 힘을 빼앗기지 않아야 하며

할 일은 명확해야 하고

이를 위해 환경은 절제되어야 합니다.

독서를 하고 싶다면 손이 닿는 곳에 책을 놔둬야 합니다.

핸드폰을 옆에 둔다면 독서를 하기는 어렵습니다.

공급이 수요를 낳는 것입니다.

인생의 고수들은 건강한 루틴을 만드는 사람들이라 하더군요.

그들의 일상은 단순하고, 꾸준하며, 디테일하지 않을까 합니다.

'버리고 비우는 게 최고의 인테리어'라는 말도 있듯이
소중한 것에 집중하기 위해서 덜 소중한 것은 덜어내는,
그들의 노력을 배우면 어떨까요.

자신에게 남겨진 잡동사니 혹은 쓰레기들을 버리지 못한다면
여유 혹은 편안함을 기대할 수는 없습니다.
편하지 않으면, 몰입도 안 됩니다.

잘 모르면 일단 줄이십시오.

딱 그만큼의 인간관계에만
관심을 두기로 결심했습니다

—

의도적으로 혼자 있는 시간

한 친구의 이야기입니다.

두 달 전 아버님이 돌아가셨는데
장례를 치르고 부의금을 정리하는 과정에서
자신의 인간관계를 다시 한 번 생각해보게 되었답니다.

직원 300여 명의 중견기업에 근무하던 그는
다른 건 몰라도 주변 사람들의 관혼상제만큼은 쫓아다니며
기쁨과 슬픔을 함께 나누려고 노력했다고 합니다.
그런데 막상 자신에게 슬픈 일이 닥쳤을 때
회사 게시판에 공지된 부고 소식에도 불구하고

실제 부의금 명단은 빈약하기 그지없었다고 합니다.

그는 꽤 충격을 받았답니다.

불과 한 달 전에 '선배님, 결혼합니다'라며 청첩장을 준 후배,

1년 전 모친상을 당했을 때 장지까지 따라갔던 임원,

모두 부의금 명단에 없는 것을 보고 허탈함을 느꼈던 것입니다.

그는 말했습니다.

"섭섭하다. 하지만 다행이다."

뭐가 다행일까요?

자신이 챙겨야 할 사람이 누군지를 확실하게 알았다는 겁니다.

시도 때도 없이 쇄도하는 부의금, 축의금에서

자유롭게(?) 됐다는 일종의 '안도감'까지 느꼈다는군요.

이제 그다지 친하지 않은 누군가의 '청구서'(!)는

여유 있게 모른 척할 수 있게 되었다나요?

그 친구의 마음이 '옳다', 혹은 '그르다' 말하지는 못하겠지만

어느 정도 이해가 되는 측면도 있었습니다.

단순히 돈 문제를 말하는 건 아니었으니까요.

그가 말한 건 과거의 인연과 상관없이
현재 자신에게 관심이 없는 관계를 줄여야 한다는 것이었습니다.

삶의 기쁨 중 하나는 스스로 가장 중요하게 여기는 목적을 위하여
자신을 아낌없이 사용하는 것입니다.
인간관계 역시 마찬가지겠지요.
하지만 함께해야 할 사람이 누군지 아는 건 어렵습니다.

이때 누군가가 관계의 허약함에 대해 먼저 신호(?)를 보낸다면
이를 더 나은 관계에 집중할 수 있는 기회로 삼을 수 있습니다.
불필요한 관계를 줄이는 방법으로 말입니다.

생각해보니 저에게도 불필요한 관계의 끈은 존재했습니다.
핸드폰에 저장된 주소록의 연락처가 수천 건입니다.
모아놓은 명함은 여전히 몇 백 장이 넘으며
카카오톡 친구 역시 일일이 헤아리기 힘듭니다.

한때는 이를 대단한 인맥의 상징인 양 느끼고 살았습니다.
불필요한 관계는 관계가 아님에도 관계라고 착각했습니다.
줄여야 비로소 보인다는 것을 몰랐던 겁니다.

불필요한 관계를 줄여보세요.

필요하다면 가끔 혼자가 되어보는 것도 좋습니다.

진짜 필요한 관계와 더욱 가까워지는 것은 물론

혼자 있어 평화롭고 즐거운 고독의 홀가분함을 즐길 수 있습니다.

관계도 아닌 것을 관계라고 착각하지 말고

자발적 고독을 즐길 수 있어야 합니다.

그래야 상처받지 않습니다.

세상의 진실이 보이고 자신이 어떤 사람인지도 알 수 있습니다.

의도적으로 혼자 있는 시간은 에너지를 얻는 시간이라고 합니다.

고독은 하늘이 준 선물이며, 시련이 아닌 혜택입니다.

혼자 있는 시간을 통해 우리는 성장할 수 있습니다.

이제 불필요한 관계를 줄일 때입니다.

100에서 하나씩 줄이기보다는
0에서 하나씩 선택하세요

–

박스 하나로 시작하는 줄이기 전략

물건에 대한 애착을 줄이면 행복해진다고 합니다.

문득 이런 생각이 듭니다.

'눈에 보이는 물건들이 모두 꼭 필요할까?'

덜어내고, 줄이고, 버리고, 비우고……

이 모든 것은 마음을 편하게 하며

자기에게 집중할 수 있는 시간과 공간을 만들어줍니다.

하지만 무엇을 어떻게 줄이고 또 비워야 하는 걸까요?

'저 사람, 정리 하나는 끝내줘!'라는 말을 듣는 선배로부터

줄임과 비움을 위한 힌트를 하나 얻게 되었습니다.

그는 말했습니다.

"큰 박스를 하나 준비해.
필요한 것, 불필요한 것 나누지 말고,
거기에 모두 남김없이 넣어버려.
그럼 돼. 끝!"

물리적인 박스만을 말하는 게 아니라
노트북 바탕화면에 생성하는 폴더도 마찬가지라고 했습니다.
직장에서 하루에도 몇 개씩 확인하고 저장해야 하는 파일들.
며칠만 놔둬도 엉망이 되는 그것들을 정리하는 방법은
하나씩 보며 일일히 분류하기보다는
하나의 공간에 몰아넣으란 말이었습니다.

조언은 계속됐습니다.

"일단 눈에 보이는 것부터 줄여나가야 해.
중요한 게 있어.
줄이는 것보다 더 중요한 건 줄인 것을 버릴 곳이야.
버릴 곳을 만들어낸 사람은
완벽한 정리에 한 발 다가선 셈이지."

그때 제 책상 서랍은 열기가 무거울 정도로 엉망이었습니다.

종류별로 있는 필기도구, 가위, 명함, 계산기 등은 물론

비타민, 두통약, 안약까지……

좋게 말하면 만물상자,

나쁘게 말하면 쓰레기장이 따로 없었던 겁니다.

뭔가 줄여야겠다는 생각을 하던 참이라

적당한 크기의 박스 하나를 찾아서는 책상 밑에 두었습니다.

그러고는 서랍에 있는 모든 것을 한꺼번에 부어버렸죠.

어라?

머리가 맑아졌습니다.

그때부터 아무 것도 없는 텅텅 빈 책상 서랍에

꼭 필요한 것들만 놔두고 사용하기 시작했습니다.

일주일이 지나도록 박스에서 다시 꺼내지 않은 것들은?

모두 치워버렸습니다.

놔두면 언젠가는 다시 쓸 수도 있는 것들이지만

굳이 미련을 두지 않기로 했습니다.

줄였더니 마음이 편해졌습니다.

'이건 필요하고, 저건 필요 없고' 하면서
굳이 자신에게 스트레스를 주는 일이 없도록 하세요.
그저 박스 하나만 찾아서 모두 몰아넣고
필요한 것만 하나하나 빼내면서 정리를 해보세요.

100을 갖고 있다가 하나씩 줄이는 것도 방법이지만
0을 만들어 놓고 하나하나 꺼내 쓰는 것도
나름대로 현명한 줄이는 방법이니까요.

불필요한
모든 것을 줄입니다

—

의사이자 IT전문가였던 그의 실속 챙기기 비결

제 주변의 물건들을 바라봅니다.

그 물건들을 두 가지로 나눠봅니다.

'쓰레기와 쓰레기가 아닌 것.'

쓰레기란 무엇일까요?

더 이상 저에게 이득이 되지 않는 것들입니다.

자신에게 좋은 영향력을 주지 못하는 것들을 말하는 거죠.

'좋을 호好'의 반대말은 '불호不好'가 아니라 '악惡'이라고 합니다.

좋지 못한 것은 단지 쓰레기이고 모두 줄여야 할 대상입니다.

악을 그대로 두고 있을 이유는 없기 때문입니다.

여기에서 쓰레기를 두 가지로 정의해봅니다.

첫째, 쓰지 않거나 좋아하지 않는 물건

사용하지 않는 물건이 있다면 줄여야 할 대상입니다.

사용하면서 기분이 좋지 않다면 마찬가지로 줄여야 합니다.

소유하는 물건은 모두 우리를 활기차게 만들어야 합니다.

그렇지 않다면?

쓰레기입니다.

줄이고 버려야 합니다.

둘째, 좁은 장소에 넘쳐흐르는 물건

스스로 수용할 여력이 없는 물건은 쓰레기입니다.

어디에 있는지를 정확히 알고 있지 못해도 마찬가지입니다.

서랍에서 뭔가를 찾을 때마다 헤매고 있다면

그것도 쓰레기입니다.

제자리를 찾지 못하고 있는 건, 일단 줄이십시오.

자기 주변을 잘 줄일 줄 아는 한 사람이 생각납니다.

공병우 박사입니다.

그는 의사임에도 IT 전문가로 유명합니다.

'세벌식 한글 타자기' 등을 개발했던 것이죠.

의사인 그가 어떻게 IT라는 다른 분야에서 빛을 발한 것일까요?

그 비결을 저는 불필요한 것을 줄이는 능력에서 찾았습니다.

그는 이렇게 말하곤 했다고 합니다.

"넥타이를 매는 시간이 아까워서 매지 않았다."

"침대? 사과 궤짝 포개어 만들면 된다."

특별히 의미가 없는 것에 돈을 쓰거나 시간을 낭비하지 않되

아낀 돈과 시간을 세상의 발전을 위해 쓴 것입니다.

자신이 해야 할 일, 하고 싶은 일을 위해서라면

자신이 옳다고 생각하는 것을 고수하는 그의 고집이 멋집니다.

그에게 넥타이, 고급 침대는 불필요함이었습니다.

쓰레기에 불과했을 것이고

당연히 줄임의 대상이었던 겁니다.

줄이고 버릴 줄 알아야 하는 것을 알아채고 실천한 결과는
그를 존경받는 의사이자 과학자로 남게 했습니다.
불필요함을 줄였기에 큰일을 해냈습니다.

제 주변을 돌아봅니다.
어떤 불필요한 물건들이 있는지 확인합니다.
그런 물건들에 에너지를 낭비하고 있는 건 아닌지 걱정합니다.

우리가 지금 줄여야 할 것은 무엇일까요?

거친 입을 다스릴 수 있게
되었습니다

–

수십 년간의 악습을 줄여내는 법

명상수업을 들은 적이 있습니다.

수업 첫날, 강사가 수강생들에게 질문을 했습니다.

왜 명상에 관심을 두게 되었는지 말이지요.

여러 말들이 쏟아졌습니다.

임원을 넘어 최고경영자 자리를 바라보고 있지만

그만큼 가족의 행복이 뒷전으로 밀리는 것 같아 걱정인 사람.

조직에서 늘 좋은 성과를 내고 있지만

윗사람과의 거리감으로 회사에 나가는 것이 힘들다는 사람.

명문대를 졸업하고 일터에서도 성공했지만
자녀와의 대화에선 낯선 말들이 오고가는 것이 고민이라는 사람.

다들 하고 있는 일에 대한 걱정과 두려움으로 가득했습니다.
가정과 일터에서는 미처 말하지 못했던 고민을 쏟아냈던 거죠.

저는 사실 호기심으로 명상수업을 듣게 된 터라서
진지하게 이야기할 만한 고민거리가 딱히 없었습니다.
그래도 어쩌나요.
제 차례가 왔기에 뭔가 말을 할 수밖에요.

"저는 회사를 다니고 있는 김범준입니다.
음…… 저는 여기에…… 에…… 왜 왔냐면……
맞다!
제 욕하는 버릇을 고치고 싶어서 왔습니다."

어디선가 "큭!" 하는 웃음소리가 터져나왔던 것으로 기억됩니다.
그 다음부터는 무슨 말을 했는지 기억이 선명하지 않습니다.
굳이 정리한다면 이런 내용이었습니다.

"저에게 나쁜 버릇이 있는데 그중 하나가 욕설입니다.
부끄럽지만 '시발'이 입에 붙어 있습니다.
운전을 하다가도 '시발',
지하철에서 누가 큰 소리로 통화해도 '시발',
친구들하고 만나서 소주 마시면서도 걸핏하면 '시발',
나이가 지금 몇인데 아직도…… 창피하네요.
앞에 여러분들이 말씀하시는 것을 들었는데
뭔가 중대한 변화를 위해서 오신 것 같더라고요.
저도 곰곰이 생각을 해봤는데
고치고 싶은 게 있다면 '시발'입니다.
수업을 듣는 8주 안에 고칠 수 있을까요?"

수강생들의 어이없다는 듯이 웃음을 흘렸지만
강사는 전혀 이상하지 않다면서 응원해주시더군요.
수업이 끝난 후에 강사가 저를 따로 불렀습니다.
그러고는 숙제(?)를 내주더군요.
세 가지를 주문했습니다.

첫째, 욕설이 나올 때 그것을 알아차린다.

욕설이 나오는 순간을 알아차리라는 것입니다.

이미 욕설을 내뱉었다면?

'아, 내가 욕을 했구나!' 하고 알아차리면 된다는 겁니다.

둘째, 욕설을 알아차리는 그 순간 한 차례 호흡을 한다.

욕설이 나오려는 것을 알아챌 때마다

혹은 욕설이 나온 후 그것을 알아챌 때마다

호흡을 한 차례 크게 쉬라는 것이었습니다.

딱 한 번만 호흡을 해도 충분하답니다.

셋째, 욕설이 나오는 그 순간을 핸드폰 메모장에 적는다.

욕이 나오면 핸드폰 메모장에 그 순간을 기록하라고 했습니다.

왜 그랬는지 상황을 한 줄로 적으면 더 좋지만

그럴 여건이 안 된다면 횟수만 기입해도 된답니다.

예를 든다면 다음과 같이요.

(별표는 그날 욕설을 내뱉은 횟수를 표시한 것입니다.)

05/13 : ***

05/14 : ******

05/15 : **

결과를 말씀드려야겠지요?

수십 년간의 악습,

하루에도 열 번 넘게 입버릇처럼 말하던 '시발',

사라졌습니다.

알아채고 적기 시작하자 줄여지기 시작했습니다.

아니, 줄어든 게 아니라 아예 사라졌습니다.

한 달 남짓으로 충분했습니다.

혹시 줄이고자 하는 악습이 있는지요?

혐오스러울 정도로 그것이 보기 싫은가요?

그럼 위의 세 가지를 눈 딱 감고 해보시길 추천합니다.

순식간에 사라지는 것을 발견할 수 있을 테니까요.

줄이고 버리는 만큼 새로운 것에
도전할 수 있습니다

–

욕망의 목록을 절제한다는 것

국내 최고의 유통업체에서 임원을 지낸 분의 이야기입니다.

그는 조직을 효과적으로 운영하고 더 나은 성과를 내기 위해

질문을 소통의 수단으로 적극 활용했다고 합니다.

그런데 그의 질문이 새롭게 느껴졌습니다.

"지금 업무 중에서 당장 그만둬야 하는 일은 무엇인가?"

"우리 부서에서 안 해도 되는 일이 있다면 어떤 것인가?"

"지금 하는 일 중에서 하고 싶지 않은 것이 있다면 무엇인가?"

필요한 것을 묻기보다 불필요한 일을 묻고,

뭘 할 수 있느냐 묻기보다 무엇을 하지 말아야 할까를 질문한

그의 리더십이 돋보였습니다.

그는 말했습니다.

"줄이고 버리는 만큼 새로운 것에 도전할 수 있다."

미래를 향하기 전에 먼저 갖고 있는 불필요함을 줄여야 합니다.
자신의 성장을 위해서라도
할 수 없는 건 하지 않는 게 맞습니다.

저 역시 새로운 것에 도전하기 위해
무엇인가를 버린 적이 있습니다.

리더의 자리에 있을 때의 경험입니다.
팀장의 자리에 있으면서 의욕적으로 일을 했지만
그만큼 제 몸과 마음이 소진되는 느낌을 받았습니다.
그 해에 유별나게 크고 작은 사건이 많이 터지기도 했고요.

연말에 윗분께서 물어보시더군요.
"김 팀장, 리더하는 거 어때? 할 만한가?"

이렇게 대답했습니다.

"제너럴리스트보다는 스페셜리스트가 맞는 것 같습니다."

누군가를 이끌면서 이것저것 챙기기보다는
제가 잘하는 직무 하나를 잘 해내고 싶다고 말했습니다.

제가 잘할 수 있는 영역에 충실하기 위해
제너럴리스트가 되어야 하는 팀장보다는
세일즈 스페셜리스트가 되고 싶었죠.

제 선택, 글쎄요, 주위에서는 어떻게 볼지 모르겠지만
스스로가 생각하기에 나쁜 선택은 아니었다고 생각합니다.
제 영역의 스페셜리스트로 활동하면서
오히려 성과를 높였으니까요.

모든 것을 잘하면 좋습니다.
하지만 모든 것을 잘할 역량이 안 된다면
잘하는 것을 하면 됩니다.
단지 직장에서의 문제뿐일까요?
우리의 일상도 마찬가지입니다.

우리 삶의 행복은 어디에서 올까요?

아파트? 주식? 승진? 명품? 학벌? 지식?

수없이 많은 조건이 오히려 우리를 불행하게 하는 건 아닐까요?

진정한 행복을 누리기 위해서라도 줄일 수 있어야 합니다.

무작정 모두 다 줄이라는 것은 아니지만

적절한 수준의 욕망의 절제는 추천할 만합니다.

경쟁 속에 자신을 던져놓고는 스스로 괴로워하지 말아주세요.

가끔은 뒤로 물러나는 것도 근사한 인생 전략이니까요.

동물의 세계도 마찬가지랍니다.

물고기도 자신의 욕망을 본능적으로 줄일 줄 안다고 하더군요.

예를 들어 A라는 물고기는 상류에 살고

B라는 물고기는 하류에 사는 것은

적자생존의 과정에서 체득한 물고기의 지혜(?)라는 겁니다.

상류에 먹이가 많다고,

그래서 더 많이 먹고 싶다는 욕심에

물고기 B가 상류로 이동하면 생존이 어렵습니다.

그러니 하류에서 자신만의 삶을 영위하는 것이지요.

그렇게 욕망을 줄여내어 생존을 합니다.

나의 생존에 그다지 도움이 되지 않는
거창하고 대단한 욕망의 목록을 줄여가면서
저 나름의 시간과 공간에서 잘 살아가고 싶습니다.
행복해지고 싶어서요.

우리의 삶은 선택과 집중의 결과물입니다.
다른 사람들의 기준에 맞추느라 애쓰고
불필요한 욕심으로 스스로를 힘들게 하는 대신
나에게 꼭 필요한 만큼만 선택하고 집중함으로써
진정한 행복을 누리시길 바랍니다.

모두가 새벽 5시에
일어날 필요는 없습니다
–

절대 줄여서는 안 되는 일, 잠

줄이는 것에 대해서만 계속 이야기를 해왔습니다.
하지만 함부로 줄여선 안 되는 것이 하나 있습니다.

'잠.'

몇 년 전 대한수면의학회의 조사에 따르면
한국 직장인의 평균 수면시간은 6.5시간으로
미국인에 비해서 한 시간 이상 잠이 부족해
만성 수면 부족에 시달린다고 합니다.

우리는 그동안 잠에 무척 인색했습니다.

'4시간 자면 합격, 5시간 자면 불합격'이란 뜻의
'4당 5락' 같은 말을 아무렇지 않게 했고 또 믿었습니다.

저 역시 학창시절 어머니로부터 이런 이야기를 들었습니다.

"은평구의 한 고등학교 3학년 학생들은
환경미화원 분들이 출근할 때 같이 등교해야 할 정도로
새벽 일찍 집을 나선단다.
등교시간이 새벽 5시라는 거야.
고3이라면 그 정도는 공부를 해야 하는 게 맞지."

중고등학교 때부터 잠은 곧 불합격에 이르는 길이라는 이야기,
잠이 많은 것은 해로운 생활 습관이란 이야기를 듣고 자랐으니
우리는 어떤 목표를 위해 집중해야 할 때
으레 잠부터 줄일 생각을 합니다.

'잠 잘 시간이 어디 있어? 이 바쁜 와중에!'
'밤새서라도 완성해서 내일 보고서 제출하도록 해.'

비극입니다.

산업혁명 전만 해도 사람들은 해가 지면 자고
해가 뜨면 일어나는 생활패턴으로 거의 9~10시간 잤다고 합니다.

우리 조상들 역시 마찬가지입니다.
아침에 일어나 하는 인사가 '안녕히 주무셨습니까?'일 만큼
잠을 걱정하는 것을 인사의 최우선 순위로 두었습니다.
건강한 생활을 위해 충분한 잠을 중요하게 여겼음이 분명합니다.

성공 비결을 묻는 질문에 대한
윈스턴 처칠의 대답도 참고할 만합니다.

"앉을 수 있는데 서 있지 마라.
누울 수 있는데 앉아 있지 마라."

그는 이를 '에너지 보존'이라고 일컬었습니다.

잠 잘 수 있는데 눈 뜨고 있지 마세요.
에너지를 낭비하면서 말입니다.
충분한 잠은 건강하고 활기찬 삶을 위한 일종의 투자입니다.

잠은 몸의 건강뿐 아니라 정신 건강에 있어서도 중요합니다.
미국 로체스터대학교의 네더가드Nedergaard 박사 연구팀은
2013년《사이언스》에 발표한 논문에서 이렇게 말합니다.

"잠은 낮 동안 뇌가 만들어낸 노폐물을 청소한다.
우리가 잠든 동안에 뇌 속 시스템이 더 활발히 활동하면서
뇌에 쌓인 노폐물을 청소한다."

자주 머리가 무겁고 답답하다는 느낌을 받는다면
충분한 수면을 취하지 못한 탓에
뇌 속에 노폐물이 쌓여서 그런 것인지도 모릅니다.

예전에《아침형 인간》이라는 책이 큰 인기를 끌었습니다.
하루를 이모작할 수 있다, 일찍 일어나면 성공한다는 내용이었죠.
정말? 안 그래도 얇은 저의 귀가 펄럭이며 혹했고
당장 새벽 5시에 일어나 부지런을 떨었던 기억이 납니다.

아침 6시에 집을 나와 남들보다 한 시간, 길게는 두 시간 먼저
사무실에 도착하는 기분은 실제로 나쁘지 않았습니다.
일단 해내서 뿌듯했고 앞서가는 사람이 된 것 같았죠.

얼마 가지 않아 이 호들갑은 막을 내렸습니다.

몸과 마음, 모두 몽롱한 상태로 하루를 지내게 되었기 때문입니다.

여전히 12시가 넘어서 잠자리에 드는데

기상시간만 무리하게 5시로 당겼으니

평소보다 부족한 수면 탓에 종일 피곤했던 것입니다.

안 좋은 컨디션이 계속되자 결국 탈이 났고요.

저는 '얼리버드'가 아니라 '올빼미'였습니다.

밤에 활동하는 올빼미가 아침에 움직이려니

효율이 떨어지는 건 당연했던 것이죠.

새로운 먹이를 잡기는커녕

있던 먹이도 놓칠 판이었습니다.

자신이 아침에 능률이 오르는 사람이라면

일찍 자고 일찍 일어나 생활하는 것이 좋겠지만

그렇지 않다면 굳이 애쓰지 않아도 됩니다.

그럴 이유가 전혀 없습니다.

적정 시간 이상으로 게으름을 부린다면 모를까,

무조건 잠을 줄이는 게 좋은 일은 아닙니다.

줄일 걸 줄여야 합니다.

잠은?

줄임의 대상이 아닙니다.

핵심만 남기고 줄이는 게 체질
필요한 만큼만 읽기, 쓰기, 말하기, 생각하기, 행동하기

초판 1쇄 인쇄 2021년 4월 16일 초판 1쇄 발행 2021년 4월 23일

지은이 김범준
펴낸이 이승현

편집1 본부장 배민수
에세이2 팀장 정낙정
편집 강소라
디자인 김태수

펴낸곳 ㈜위즈덤하우스 출판등록 2000년 5월 23일 제13-1071호
주소 경기도 고양시 일산동구 정발산로 43-20 센트럴프라자 6층
전화 031)936-4000 팩스 031)903-3893 홈페이지 www.wisdomhouse.co.kr

ⓒ 김범준, 2021

ISBN 979-11-91583-22-9 03190

* 이 책의 전부 또는 일부 내용을 재사용하려면 반드시 사전에 저작권자와
  ㈜위즈덤하우스의 동의를 받아야 합니다.
* 인쇄·제작 및 유통상의 파본 도서는 구입하신 서점에서 바꿔드립니다.
* 책값은 뒤표지에 있습니다.